Bhagavati P. Hafen

GLÜCK in jedem Raum

Wie wir unser ZUHAUSE mit der energetischen Hausreinigung in einen KRAFTORT verwandeln

21 Geschichten aus dem Alltag einer Räucherfrau

Schirner Verlag

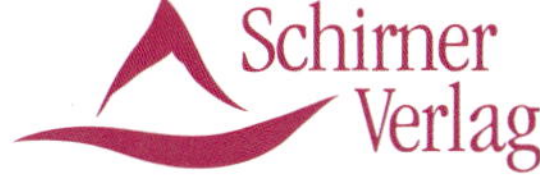

Wir verzichten auf das Einschweißen unserer Bücher – **UNSERER UMWELT ZULIEBE!**

ISBN 978-3-8434-1397-8

Bhagavati P. Hafen:
Glück in jedem Raum
Wie wir unser Zuhause mit der energetischen Hausreinigung in einen Kraftort verwandeln

Umschlag: Anke Müller, Schirner, unter Verwendung von Bildern von www.shutterstock.com (siehe Bildnachweis)
Layout: Anke Müller, Schirner
Lektorat: Natalie Köhler, Schirner
Printed by: Ren Medien GmbH, Germany

www.schirner.com

1. Auflage August 2019

Inhalt

Wie diese Geschichten entstanden sind

Im Jahr 2016 stand ich vor einer großen Entscheidung in meinem Leben. Viele Jahre schon war ich neben meinem Bürojob als Reiki-Lehrerin und auch als Tierkinesiologin tätig und durfte energetisch wirken. Doch nun sollte in einem sehr bekannten spirituellen Magazin ein Artikel über meine Tätigkeit als Räucherfrau bei der energetischen Hausreinigung erscheinen.

Eine Mitarbeiterin des Verlages war auf mich aufmerksam geworden, und ich durfte ihr Haus mit Kräutern, Harzen und Hölzern reinigen. Das nennt man wohl Glück. Heute weiß ich, dass es Gnade ist.

Da stand ich nun. Was, wenn der Artikel die Menschen so ansprach, dass sie einen Termin bei mir vereinbaren wollten? Dann saß ich, an meinen Job gebunden, im Büro fest und konnte nicht wirken. Der Gedanke »Ich würde mich für den Rest meines Lebens ärgern« huschte durch meinen Geist. Doch was, wenn niemand sich auf den Artikel hin meldete? Dann hätte ich meine Sicherheit gekündigt. Nach 35 Jahren in Festanstellung kein leichter Sprung. Doch ich hatte keine Wahl, also nahm ich allen Mut zusammen und kündigte meinen Bürojob.

Viele Nächte verbrachte ich schlaflos, und Ängste kamen in mir zum Vorschein. Doch wovor eigentlich? Vor einer Veränderung in meinem Leben? Dann wurde es aber tatsächlich Zeit, diese Seite in mir in Vertrauen umzuwandeln! Und so sollte es kommen, ich konnte es kaum glauben: Die Menschen riefen aus ganz Deutschland an, mein E-Mail-Konto verzeichnete Eingänge von interessierten Leserinnen und Lesern des Magazins. Mein Terminkalender füllte sich, und ich spürte nur Dankbarkeit.

Dann machte ich mich mit meinem Koffer voller Kräuter, Harze und Hölzer auf den Weg zu den Menschen und ihren Häusern. Bereits nach den ersten Reinigungen merkte ich, dass jede Räucherung individuell auf die Bedürfnisse des Hauses und deren Bewohnern ausgerichtet sein sollte und dass ich mich nicht vorbereiten konnte. Ich wusste nie, was mich erwartete. Das machte es zwar spannend, jedoch musste ich auch mein Vertrauen in die göttliche Führung festigen. Ich spürte schnell, dass nicht ich diese Hausreinigungen durchführte, sondern dass ich geführt wurde.

Die Häuser erzählten mir ihre Geschichten, doch noch mehr Raum nahmen die Geschichten der Bewohner ein. Daraus entstand etwas Neues in meinem Wirken als Räucherfrau, nämlich die Arbeit mit den Menschen. Ich war froh, dass ich in den letzten siebzehn Jahren viele Kurse besucht und Ausbildungen gemacht hatte. Dadurch hatte ich nun die Werkzeuge, um bei den Räucherungen die Menschen mit in die Heilungsprozesse, die durch das Räuchern von Kräutern entstehen, einzubeziehen und zu begleiten.

Jede Begegnung auf meinem Weg war anders. Keine energetische Räucherung glich der anderen. Das war besonders für mich, im Sternzeichen Zwilling geboren, sehr wichtig, damit keine Routine aufkam. Doch was ich nach einigen Terminen wahrnahm, war, dass all das, was ich erfahren durfte, für alle Menschen zugänglich gemacht werden sollte. Zuerst ignorierte ich dieses auffordernde Gefühl in mir, das mich dazu drängte, zu schreiben. Doch es dauerte nicht lange, da konnte ich dem nichts mehr entgegenhalten. So setzte ich mich eines Abends nach einer energetischen Hausreinigung an meinen Laptop und schrieb auf, was ich bei meinem Termin erlebt hatte. Es tat mir gut, und ich schrieb auch bei weiteren Terminen gleich im Anschluss das Erlebte nieder. Es war erleichternd für mich, und ich hatte den Eindruck, dass ich das Erlebte auf diese Weise verarbeiten konnte. So habe ich mich dem Schreiben ganz hingegeben.

Mit der Zeit sind daraus Geschichten geworden. Geschichten, von denen ich dachte, dass sich andere in ihnen wiederfinden würden und es sehr hilfreich für sie sein könnte, meine Erfahrungen in Form von kleinen Geschichten in ihrer Ursprünglichkeit zu lesen. Die Themen sind so umfassend, und egal, ob spirituell oder nicht, ich spürte, dass die Geschichten für alle zugänglich gemacht werden sollten. Sie sind wahre Kostbarkeiten zum eigenen Wohlfühlen in den Räumlichkeiten, ob zu Hause, in der Praxis oder im Büro.

Als ich dann auch noch gutes Feedback für meine Geschichten bekam, hat es angefangen, mir richtig Freude zu machen, wieder eine erlebte Räucherung in eine Erzählung zu bringen. So sind bisher diese einundzwanzig Geschichten entstanden. Dass sich daraus ein Buch formen könnte, war zuerst gar nicht in meinen Gedanken. Dafür Zweifel, die immer wieder sagten: »Du kannst doch nicht einfach ein Buch schreiben, es gibt so großartige Autoren.« Ich stellte fest, dass ein älterer Teil in mir mich kleinhielt. Doch etwas anderes in mir war größer, und es drängte mich mit den Worten »Die Geschichten sind wertvoll und müssen nun raus.« Ich konnte es vor mir sehen, die Farben des Buches, die gesamte Aufmachung und Gestaltung. Also, was sollte mich jetzt noch aufhalten!

Auch wenn ich nicht mit vielen Fremdwörtern dienen kann und eher in einem einfachen Stil schreibe, sind meine Worte voller Liebe und Tiefe, und ich würde mich sehr freuen, wenn ich Ihr Herz mit den Geschichten berühren kann. Und wieder ist es für mich ein Sprung in etwas Neues.

Und so wünsche ich Ihnen viel Freude beim Lesen der Geschichten und auch Mut für die eigenen Veränderungen im Leben.

Herzlichst

Ihre Bhagavati

Die Essenz
beim Verräuchern von Kräutern

Die Kräuter sind, wie auch wir Menschen, ein Produkt der ursprünglichen Quelle. Alles Lebendige entsteht aus dem Göttlichen und ist mit einer spirituellen Schwingung gesegnet. Das gilt für die menschlichen Körper, für die Tierwelt, für die Mineralien und für die Welt der Pflanzen. So ist alles beseelt und genährt.

Der Unterschied vom menschlichen Wesen zu den Pflanzen besteht darin, dass der Mensch der materiellen Welt unterlegen ist. Er sorgt und kümmert sich beständig um das Morgen, während die Pflanzen einfach wachsen und blühen, ohne nach den Bedingungen zu fragen. Der Mensch schwächt durch die materiellen Wünsche seine Spiritualität. Oft so weit, dass er sich in einer gottlosen Welt bewegt und unter vielen Anhaftungen der modernen Welt leidet. Die Welt der Pflanzen entfaltet ihre vorbestimmte reine Spiritualität und kann so ihre Heilkräfte in hoher Schwingung entwickeln. Doch was geschieht nun beim Räuchern dieser hohen spirituellen Kräfte?

Um die Energie der Pflanzen für uns nutzen zu können, müssen wir sie zunächst für die Räucherung vorbereiten. Schon beim Sammeln von Kräutern sollte eine große Achtung gewahrt und Rücksicht auf die Pflanzenwelt genommen werden. Somit sollte man auch möglichst ihre Wurzel zum weiteren Wachsen in der Erde lassen und nur die Blätter oder Blüten in Dankbarkeit entgegen-

nehmen. Dann werden sie an einem trockenen Platz aufgehängt, und wir geben ihnen Zeit, alle Feuchtigkeit zu verlieren. Sobald die Kräuter getrocknet sind, können wir diese fein bröseln. Währenddessen ist es von Vorteil, wenn wir ein Mantra rezitieren und unseren Geist möglichst still halten. Die heiligen Schwingungen des Mantras fließen als Information in die Kräuter und können sich später beim Räuchern in unseren Räumen entfalten. Nun können die Kräuter zur Räucherung eingesetzt werden.

Übrigens: Harze sind heilende Wachse, die bei Verletzungen aus der Baumrinde austreten und andere Energien enthalten, genau wie die Hölzer, die aus der Rinde der Baumstämme stammen. Kräuter sind durch die Energien des Sonnenlichts meist mit höher schwingenden Informationen aufgeladen.

Die hohe energetische Schwingung der Pflanzen wird durch das Verräuchern um ein Vielfaches in die Räume abgegeben. Dadurch kann große Heilung für die Räume und Menschen geschehen, und Transformation kann stattfinden. Sobald der Raum energetisch wieder geöffnet wird, öffnet sich auch in uns Menschen der Raum für Veränderung. Wenn unsere Wohnräume blockiert und geschwächt sind, sind auch wir es.

»Möchtest du einen Menschen kennenlernen, schaue dir zuerst an, wie er wohnt.«

Ist ein Mensch innerlich nicht aufgeräumt, spiegelt es sich meistens in seinen Wohnräumen wider. Auch ein kreativer Mensch wird sich eher in seinen Räumlichkeiten ausleben und nicht so sehr auf Ordnung schauen. Dann gibt es die Orte, die sehr korrekt und fast schon leblos wirken. Hier könnten Menschen wohnen, die selbst ein wenig starr in ihren Lebensansichten sind. Wir Menschen sind so vielschichtig, so, wie die Räume, die wir unser Zuhause nennen. Und gerade deswegen ist es sehr wichtig, dass wir uns in unseren Räumen wohlfühlen, in unserer Energie leben und uns entfalten können. Daher ist eine energetische Hausreinigung mit der Räucherung von Kräutern, Harzen und Hölzern so notwendig. Hierüber können wir die alten vorher gelebten Energien der Vorbesitzer transformieren und über die Pflanzenwelt die Informationen abgeben, die unserem Naturell entsprechen, um in die Kräfte unserer wahren Natur zu kommen.

Wir Menschen sind spirituelle Wesen mit einer Seele der reinen Liebe. Jede Sehnsucht führt zu diesem Ziel zurück: zurück zur Spiritualität, wie die Pflanzenwelt es uns vormacht.

Die Pflanze fragt nicht, ob morgen die Sonne scheint und sie gewärmt wird. Sie fragt nicht, ob morgen der Regen auf Mutter Erde fällt und sie genährt wird. Sie lässt sich von Sorgen um diese äußeren Bedingungen nicht beeinflussen. Selbst auf einer Verkehrsinsel lässt sie ihre ganze Schönheit sichtbar erblühen. Die Pflanze möchte blühen und wachsen. Auch wenn die Bedingungen sie nicht immer unterstützen. Selbst wenn es kalt und der Boden eisig ist, setzt sie sich kraftvoll durch und wächst. Sie tut das, wofür sie gekommen ist. Sie dient einfach!

TRANSFORMATIONSRITUAL: UNSER DANK AN MUTTER ERDE

Für die Räucherung mit Kohle füllen Sie ein feuerfestes Gefäß entweder mit Räuchersand, oder Sie nehmen Erde aus dem eigenen Garten oder aus der Natur. Wenn Sie sich für die Erde entscheiden, merken Sie sich den Platz, wo Sie diese entnommen haben. Dann beginnen Sie mit dem Räuchern. Sie werden Kräuter Ihrer Wahl auflegen, vielleicht auch Harze oder Hölzer. Die Kohle kann oft bis zu sechzig Minuten für die Räucherung genutzt werden. In dieser Zeit legen Sie immer wieder neue Räucherstoffe auf die Kohle und schieben die verbrauchten an den Rand. So werden zum Schluss der Räucherung einige Ansammlungen von verräucherten Kräutern als Häufchen auf der Erde liegen. Nun können Sie sich vorstellen, dass dort sozusagen das »Aufgeräumte« vor Ihnen liegt. Diesen kleinen Dreckhaufen dürfen Sie jetzt entsorgen. Bringen Sie ihn möglichst schnell nach der Reinigung wieder zurück an den Platz, von dem Sie die Erde entnommen haben. Dies führen Sie bitte mit dem Bewusstsein aus, dass alles Alte nun geht. Öffnen Sie Ihr Herz für einen wirklichen Neuanfang in Ihrem Zuhause und in Ihrem Leben. Bitten Sie Mutter Erde, die enthaltenen Energien umzuwandeln, in Liebe und Frieden. Ihre Intention ist dabei sehr wichtig. Nehmen Sie sich Zeit für den Abschied, und gestalten Sie daraus Ihr eigenes kleines Ritual. Spüren Sie in sich hinein. Was war Ihnen wirklich wichtig? Warum haben Sie die energetische Hausreinigung durchgeführt? Wovon wollten Sie sich verabschieden? Seien Sie ganz bei sich, und achten Sie bitte darauf, dass die heißen Reste der Kohle ganz mit der Erde bedeckt sind. Sollten Sie Sorgen haben, dass sich Kinder oder Tiere in der Nähe aufhalten, dann gießen Sie bitte Wasser über die Stelle. Nun sollte der Transformation nichts mehr im Wege stehen. Zu guter Letzt bedanken Sie sich mit den Worten: »Danke, Danke, Danke.«

Tipps und Tricks

für das erste Räuchern

Für die energetische Hausreinigung empfiehlt es sich, eine neutrale und erfahrene Person einzuladen. Doch nicht immer ist dies möglich. Deshalb stelle ich Ihnen hier einige verschiedene Räuchermethoden vor, damit Sie sich langsam mit den Kräutern vertraut machen und in Berührung mit ihrer Wirkung kommen können. Auch ein Wochenendseminar kann hier von Vorteil sein. Doch vorerst einige Vorschläge.

DAS RÄUCHERN MIT RÄUCHERKOHLE

Hierfür empfehle ich ein hitzebeständiges Gefäß, das möglichst gut in der Hand liegt. Geben Sie so viel Räuchersand oder Erde hinein, bis das Gefäß gut bedeckt ist – die Sandschicht sollte etwa zwei Zentimeter hoch sein. Darauf legen Sie ein Stück Kohle. Für längere Räucherungen gibt es Kohlestücke mit einem größeren Durchmesser. Nach dem Anzünden der Kohle dauert es einige Minuten, bis die Kräuter aufgelegt werden können. Vorher sollten Sie sich gefragt haben, was Sie in dem Raum verändern möchten, oder Sie haben sich meditativ in die Stimmung des Raumes hineingefühlt, um jetzt die Kräuter Ihrer Wahl aufzulegen. Schließen Sie die Türen und Fenster in dem Raum, den Sie räuchern möchten. Ich selbst habe keine bestimmte Vorgehensweise bei meinen Räucherungen, sondern lasse mich immer intuitiv führen. Wenn Sie anfangs unsicher sind, können Sie sich in die Mitte des Raumes stellen und von dort den Rauch ziehen lassen. Schauen Sie, wo der

Rauch hinzieht und wo es Sie hinzieht. Dann lassen Sie sich einfach führen. Legen Sie immer wieder neue Kräuter nach, nachdem Sie die verräucherten von der Kohle entfernt haben. Harze haben den Vorteil, dass sie länger räuchern können. Dafür kann ein Kraut mit einem Harz vermischt aufgelegt werden. Ich verwende für einen Raum in der Regel drei verschiedene Räucherstoffe, von denen jedes eine eigene Information in den Raum gibt. Gut aufeinander abgestimmt, erzeugen sie so die bestmögliche Transformation. Im Anschluss an die Räucherung lassen Sie den Raum circa 10 Minuten bei geschlossenen Türen und Fenstern arbeiten. Dann können Sie die Fenster für einige Minuten öffnen. Betreten Sie erneut den Raum, und nehmen Sie die Veränderung wahr, die durch die Räucherung entstanden ist.

Bitte seien Sie achtsam im Umgang mit der Räucherkohle und dem Gefäß. Beides wird sehr heiß. Nach Gebrauch denken Sie bitte daran, dass die Kohle noch lange Zeit nachglüht und nicht unbeaufsichtigt sein sollte. Achten Sie bitte auch darauf, dass sie außer Reichweite von Kindern und Tieren ist.

DAS RÄUCHERN MIT EINEM RÄUCHERSTÖVCHEN

Wem das Räuchern mit Kohle zu aufwendig und intensiv ist, kann sich mit dem Räucherstövchen behelfen. Es kommt nicht der energetischen Räucherung gleich, jedoch kann so ein erster Kontakt hergestellt werden, um die Stimmungen der Kräuter wahrzunehmen. Hübsche Stövchen sind im Handel erhältlich. Sie stellen einfach ein Teelicht darunter und legen ein paar getrocknete Kräuter darauf. Vielleicht auch Kräuter, die Sie in Ihrem eigenen Garten geerntet haben. Für den Einstieg empfehle ich Lavendel. Er reinigt mit einem leichten vertraulichen Geruch und schenkt uns Harmonie und Frieden.

DAS RÄUCHERN MIT EINEM SMUDGE-STICK

Die Kräuterbündel gibt es oft aus Salbei gebunden zu kaufen. Manchmal werden aber auch Smudge-Sticks von der Zeder angeboten. Diese werden an einem Ende angezündet, und man lässt das Feuer so lange brennen, bis sich über die Glut der Rauch entwickelt. Manchmal muss das noch brennende Feuer ausgepustet werden, und dann kann mit der Räucherung begonnen werden. Die gebündelten Kräuter sind für eine schnelle Ausräucherung von Vorteil, z. B. in einer Praxis nach einer Behandlung, bevor der nächste Klient den Raum betritt. Hier ist auf die Auswahl der Kräuter zu achten. Salbei ist zwar stark in seiner Reinigungskraft, hinterlässt aber einen kräftigen Geruch. Nach Gebrauch ersticken Sie den Smudge-Stick. Stellen Sie dafür eine Schale mit Räuchersand oder Erde, zum Beispiel aus Ihrem Garten, bereit, um den Smudge-Stick darin leicht auszudrücken, sodass er nicht mehr räuchert und die Glut erlischt. Wenn Sie keinen Sand oder keine Erde zur Hand haben, können Sie den Smudge-Stick auch in einer feuerfesten Schale ablegen und ausbrennen lassen. Lassen Sie ihn bitte auch hier nicht unbeaufsichtigt.

DAS RÄUCHERN MIT RÄUCHERSTÄBCHEN

Das Räuchern mit Räucherstäbchen ist ebenfalls eine Variante für die Verbesserung der Raumenergie, ersetzt jedoch keine energetische Hausreinigung. Es ist darauf zu achten, dass keine künstlichen Zusätze enthalten sind. Räuchern Sie nur naturreine Stäbchen von guter Qualität. Auch hier gibt es schöne Halterungen, oder man steckt die Stäbchen in die Erde einer Topfpflanze. Oft reicht es auch schon, wenn nur die Hälfte abgeräuchert wird, dann kann das Stäbchen kopfüber in die Erde gesteckt und später erneut angezündet werden.

Nehmen Sie sich Zeit für Ihre Räucherung. Vermeiden Sie Stress, Hektik, Zeitdruck und negative Gedanken, und seien Sie ganz im Hier und Jetzt.

Die Praxis

AM HEXENVERBRENNUNGSPLATZ

An einem Sonntagmorgen fuhr ich zu einer kleinen Gemeinde südlich von Hamburg. Mit ihren 25.000 Einwohnern erschien sie mir im Vergleich zu Hamburg eher dörflich. Die Kirchenglocken begannen um kurz vor zehn zu läuten. Ich schien pünktlich zu meinem Termin zu kommen. Eine Homöopathin hatte mich zu einer energetischen Hausreinigung in ihre Praxis bestellt, die sie vor gut zwei Jahren eröffnet hatte. Obwohl sie Patienten hatte, kam sie irgendwie nicht recht voran. Etwas bremste sie und drückte von oben.

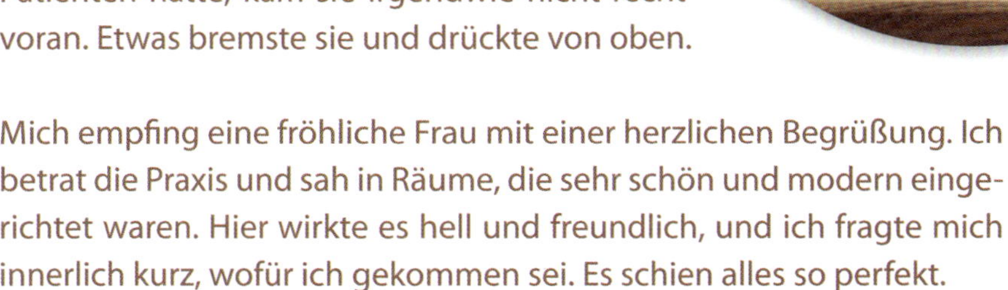

Mich empfing eine fröhliche Frau mit einer herzlichen Begrüßung. Ich betrat die Praxis und sah in Räume, die sehr schön und modern eingerichtet waren. Hier wirkte es hell und freundlich, und ich fragte mich innerlich kurz, wofür ich gekommen sei. Es schien alles so perfekt.

Am Eingang war, wie ich es schon oft gesehen hatte, ein Bild aufgehängt, das seine Wirkung verfehlte. Das heilsame Mantra strahlte seine Kraft in Richtung der geschlossenen Tür, die in den großen Praxisraum führte. Das war schnell umgehängt, sodass seine Energie in den Wartebereich fließen konnte. Die Praxisinhaberin erzählte mir, dass sie in der Praxis nicht voll in ihrer Kraft wirken könne. Sie erwähnte auch, dass ihr gerade heute Morgen das Grab am Hexenverbrennungsplatz aufgefallen sei, obwohl sie täglich dort vorbeigehe. Da kam mir sofort der Impuls, die Erde für die Verbrennung der Kräuter von dort zu nehmen. Bei den meisten Hausräucherungen lasse ich von den Bewohnern Erde aus der Umgebung holen. Nach der Räucherung wird diese dann wieder an Mutter Erde zur Transformation zurückgegeben. So gingen wir zu dem Grab, das schräg gegenüber der Praxis lag. Es war eingezäunt und ziemlich verwahrlost. Meine Kundin stieg über den Zaun und löffelte fleißig Erde in die zwei dafür vorgesehenen Töpfe.

Aber, oh weh, der Gottesdienst war beendet, und nun sahen zwei Kirchenbesucher verwundert und fragend zu uns herüber. Ich spürte, wie die Frau mit den beiden Töpfen in den Händen nervös wurde. Wir steuerten direkt auf das Ehepaar zu, begrüßten es freundlich, und abwechselnd erklärten wir kurz, wofür wir die Erde brauchten und dass wir mit Weihrauch räuchern wollten. Altbekannt in allen Kirchen zur Weihung und Segnung, das wirkte.

Wieder in der Praxis, mussten wir beide herzlich über die Situation lachen, zu der es bestimmt nicht ohne Grund gekommen war. Ich begann, Heilkräuter auf die glühende Kohle zu legen. Gerade in einer Praxis, in der viele Menschen ein- und ausgehen, ist es wichtig, immer wieder zu räuchern. Da Krankheiten meist von Emotionen begleitet werden, nahm ich auch das heilsame **FICHTENHARZ** dazu. In der Praxis breitete sich langsam ein wohltuender, duftender Geruch aus, der noch ein paar Tage anhalten würde.

In der Nähe des Schreibtisches spürte ich eine unangenehme Energie, die von oben kam. Noch wusste ich nicht, woher genau. Wir nahmen am Schreibtisch Platz. Die Homöopathin auf ihrem Stuhl, ich auf der Patientenseite. Da saßen wir nun, und es drückte von oben. Dort hing eine wunderschöne große Lampe in schickem Design, mit weißen Blüten, die auf vielen Metallstäben aufgesteckt waren. Die Metallstäbe waren ein einziges Durcheinander im Inneren der Lampe. Ich bat die Inhaberin, sich ein wenig weiter vom Tisch wegzusetzen. Je weiter sie von ihrem Arbeitsplatz fortrückte, desto freier wurde ihr Kopf. Ihr wurde jetzt klar, warum sie immer das Gefühl hatte, sich nicht richtig konzentrieren zu können. Gut, die Lampe kam weg.

Ich bewegte mich erneut durch die Praxis, um Weiteres aufzuspüren. Da fragte mich die Praxisinhaberin, warum ihre Praxis nur zu siebzig Prozent ausgelastet sei und nicht zu hundert Prozent. Ich wusste aus ihren Erzählungen, dass sie selbst viel an sich gearbeitet hatte. So stand ich da und hatte keine Antwort und auch kein Heilungswerkzeug für sie. Es kam einfach nichts. Und selbst das war doch etwas sehr Wichtiges. Wir in unseren Heilberufen haben Angst vor dem »nichts Wissen« und spüren immer den Druck, etwas parat haben zu müssen. Ich hatte gelernt: Wenn ich nichts zur Verfügung hatte, dann gab es halt nichts. Und so sagte ich ihr, dass ich mich bei ihr melden würde, wenn ich auf dem Heimweg oder während meiner Morgenmeditation etwas für sie empfing.

Ich räucherte jeden Winkel und jede Ecke in den Praxisräumen und gab Hinweise und Tipps für das eigene Räuchern, um die Räume auch nach meinem Besuch immer wieder mal zu reinigen.

Dann setzte ich mich im Eingangsbereich auf einen Stuhl. Hier sollten die Patienten warten. Irgendetwas stimmte hier nicht, nur was? Ich saß da und hörte der freundlichen Frau zu. Sie hatte eigentlich Psychologie studieren wollen, doch dann waren die Kinder gekommen, sie war älter geworden und hatte einen anderen Weg eingeschlagen. Was hörte ich da, und was sah ich dort auf dem Tisch liegen? Psychologische Zeitschriften mit sehr schweren, Furcht einflößenden Themen auf den Titelblättern. Das passte wenig zu der freundlichen Frau, die doch so sehr in ihrer Berufung aufzugehen schien. Dort lag also noch der alte, nicht gelebte Traum und blockierte gleich am Eingang. Die Zeitschriften kamen sofort allesamt in die Altpapiertonne. Somit war auch der Eingangsbereich wieder in einem guten Energiefluss.

Nun war alles wieder komplett im Fluss, und die Erde konnte zurück zum Hexenverbrennungsplatz, dorthin, wo das Grab der Vorfahren lag. Unserer Vorfahrinnen, die sich in der Heilkunde sehr gut ausgekannt hatten, die den Weg vor uns gegangen und sogar dafür gestorben waren.

»Meine Arbeit ist getan«, dachte ich bei der Verabschiedung. Am nächsten Morgen, tatsächlich während meiner Meditation, bekam ich ein wunderschönes Bild mit einer Information für die Praxisinhaberin. Sie sollte bitte das Grab der Hexen pflegen, hin und wieder Blumen aufstellen und auch mal ein Licht anzünden, wenn es besonders dunkel war. Als ich die Homöopathin anrief, lachte sie am anderen Ende der Leitung. Genau diesen Gedanken hatte sie auch am frühen Morgen gehabt. Wie schön, so war es nun ihre Aufgabe, das Grab zu pflegen und somit die Hexen und ihre Berufung zu ehren.

Damit ehrte sie nicht nur die Hexen, sondern auch sich selbst!

Picea abies

SAMMELORT:
Die Fichte ist ein weitverbreiteter Nadelbaum und in unseren Wäldern zu finden.

SAMMELZEIT:
Ganzjährig! Bitte das Harz nur von der Fichte entfernen, wenn es bereits hart ist und eine gräuliche Farbe hat. Dann ist gewährleistet, dass die Wunde des Baumes bereits geheilt ist.

WIRKUNG BEIM RÄUCHERN:
Das Fichtenharz heilt alte, tief sitzende Wunden und öffnet das Herz. Beim Räuchern entsteht ein qualmiger Rauch, der die Räume intensiv von allen emotionalen Spannungen reinigt, das Innere öffnet und wieder zentriert. Die Fichte bringt Klarheit und Schutz und schenkt uns einen vertrauten Geruch, der uns mütterliche Geborgenheit vermitteln kann.

ÜBRIGENS:
Lange bevor andere Harze, wie zum Beispiel Weihrauch, geräuchert wurden, kam schon die Fichte mit ihrem wohltuenden Geruch zum Einsatz. Während der Steinzeit wurde das getrocknete Harz der Fichte sogar als gesundes Kaugummi genutzt. Es sollte den Mund desinfizieren, die Zähne weiß halten und auch das Zahnfleisch kräftigen.

Ankommen

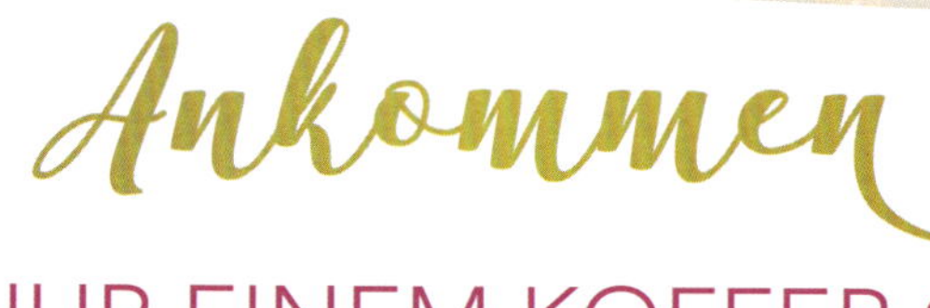

MIT NUR EINEM KOFFER ODER WOHNEN AUF ZEIT

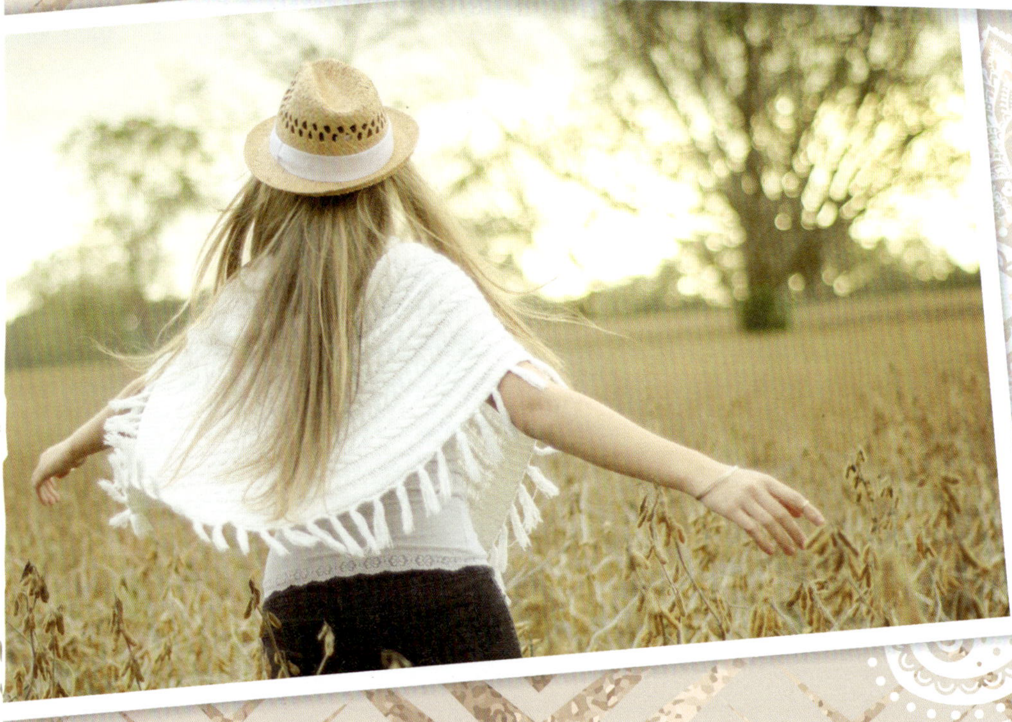

Heute fuhr ich zu einer Kundin, die ich bereits kannte. Eine bemerkenswerte junge Frau, die seit einigen Wochen zu mir zum Reiki kam. Vor einigen Jahren hatte sie ihre ferne Heimat und ihre Familie verlassen, um in Deutschland zu studieren. Mit wenig Geld, nur einem einzigen Koffer als Gepäck und ohne unsere Sprache zu sprechen, hatte sie sich auf den Weg gemacht. Mit was für einem Mut und kraftvollen Charakter muss sie dafür ausgestattet sein.

Doch als die junge Frau mir die Tür öffnete, schaute ich wieder einmal in fast scheue Rehaugen. Still und schüchtern führte sie mich durch die Drei-Zimmer-Altbauwohnung mit den hohen, stuckverzierten Decken und dem Holzdielenboden unter unseren Füßen. Sie erzählte mir, dass sie diese Wohnung komplett möbliert übernommen und auf Zeit untergemietet habe. Nichts in dieser Wohnung gehörte wirklich ihr, und das Paar, das vorher hier gelebt hatte, hatte sich getrennt. Der Mann hatte daraufhin die Flucht für ein Jahr ergriffen und all seine persönlichen Sachen zurückgelassen.

Diese Situation hatte ich in meinen bisherigen energetischen Hausreinigungen noch nicht erlebt, und ich musste mir ehrlich eingestehen, dass ich auch noch keine Lösung hatte. Nun wollte ich erst mal meine Räucherkohle auf die Erde legen, die Heilkräuter würden mir sicher eine intuitive Hilfestellung sein. Doch woher sollten wir die Erde nehmen? Die helle Wohnung lag mitten in der Stadt. Vom Küchenfenster konnte man in den Hinterhof schauen, doch für diesen hatte die Mieterin auf Zeit keinen Schlüssel. Und ohne Erde konnte ich in den Gefäßen keine Kohle anzünden. Da »zündete« es in mir: Ohne Erde auch keine Wurzeln! Auch die junge Frau konnte an diesem Ort keine Wurzeln schlagen. Das machte es mir nicht unbedingt leichter.

Doch zum Glück gab es an der Vorderseite des Hauses einen Balkon. Sie führte mich dorthin, öffnete die Balkontür, und ich erblickte viele große Blumentöpfe voller Erde. Diese Erde sollte es sein. So durften die alten Energien des Vermieters auch in seiner Blumenerde transformiert werden.

Ich fing an der Haustür mit der Räucherung an. Hier fühlte es sich für mich besonders schwer und zäh an. Die junge Frau erzählte mir währenddessen, dass sie häufig das Gefühl hatte, dass einige Personen den Weg zu ihr nicht finden würden. Irgendetwas verhinderte immer die Zusammenkunft. Die Tür ließ mich eine Zeit lang nicht los, ich wählte hier den würzigen **THYMIAN,** um Mut und Stärke zu geben und den Weg wieder frei zu machen. Anhand der Hausnummer konnte ich erkennen, dass diese Wohnung nicht zu Menschen gehörte, die lieber allein oder gar isoliert sein wollten. Nun war der Weg wieder frei.

Ich wusste, dass die Arbeitstage der jungen Frau lang und kräftezehrend waren und dass sie leider nicht so gut in dem Bett ihres Vermieters schlief. Das Bett musste bleiben, doch es war auch nicht sehr erholsam, auf dem Sofa zu schlafen. Ich hatte eine kleine Überraschung für meine Klientin dabei und übergab ihr vier große Stücke von einem Orangencalcit. Wir gingen damit in das Schlafzimmer, und ich bat sie,

in jede Ecke des Bettes einen Orangencalcit zu legen. Dann sollte sie sich hineinlegen und einfach die Augen schließen. Ich wählte noch Kraftsymbole aus, die ich in den Schlafraum gab, und unterstützte den Prozess mit der Schwingung der Klangschale. Als Reiki-Lehrerin verwende ich die mir anvertrauten Kraftsymbole aus dem Reiki-System nach Mikao Usui. Nun war alles vollständig, und es schauten mich ausgeruhte Augen an. Die Kräfte der Steine würden in Zukunft ihre Heilung entfalten, und meine Kundin würde freudvoll in den Tag starten.

Und weil sie ja nun auch Miete zahlte, fasste sie den Entschluss, sich hier für die Zeit ihres Aufenthaltes wohlzufühlen. Ich bestärkte dies bejahend, und wir rückten in den vorderen Räumen noch einen sperrigen Sessel so in die Ecke, dass nun doch Platz für die Yogamatte war. Der Blick vom Wohnzimmer fiel durch die geöffnete Flügeltür direkt auf eine Staffelei mit vielen Pinseln und Farben. Bei Zeiten würde sie sicher benutzt werden.

Nach fast drei Stunden hatten wir die Wohnung von all den vorher gelebten Energien gereinigt, den Weg wieder frei gemacht, einen erholsamen Schlafbereich und Platz für Kreativität geschaffen. Vor mir stand eine glücklich lächelnde Frau. Sie wirkte selbstbewusst, gestärkt und irgendwie angekommen.

Und ich verabschiedete mich mit einer neuen beruflichen Erfahrung – oft wird uns etwas im Leben nur auf Zeit gegeben. So, wie in diesem Fall das Wohnen.

Und man sagt ja, dass es sich mit wenig Gepäck leichter reist!

Thymian

Thymus vulgaris

SAMMELORT:
Ursprünglich wurde der würzig duftende Thymian von Mönchen nach Mitteleuropa gebracht und in den Klostergärten angebaut. Inzwischen verträgt die Gewürzpflanze auch das kühlere Klima in Deutschland und kann gut in Töpfen gepflanzt werden.

SAMMELZEIT:
Die Blätter können von April bis Oktober – vor, während und nach der Blütezeit – geerntet werden.

WIRKUNG BEIM RÄUCHERN:
Mit dem Thymian werden Räume gereinigt und gesegnet, da er alles neutralisiert, was nicht guttut. Er steht für Mut und stärkt den Willen. Kraftvoll reinigt er und schenkt Selbstvertrauen und Durchsetzungskraft, besonders dort, wo Räume durch viele Fremdenergien geschwächt sind. Denn das würzige Kraut gilt auch als Schutzkraut vor negativen Energien, und durch seine desinfizierenden ätherischen Öle wird gleichzeitig die Raumluft verbessert. Dadurch entsteht eine gesunde Umgebung, die uns vor Krankheiten schützt.

ÜBRIGENS:
Der Thymian gilt als eine kraftvolle Heilpflanze und wird verstärkt bei Husten und Problemen der Atmungsorgane eingesetzt. Die Gewürzpflanze, die wir aus der Küche kennen, wirkt antibakteriell und findet ihren Einsatz durch seine krampflösende Eigenschaft auch in der Frauenheilkunde.

Danke, lieber Gott,

FÜR DIESEN TAG

Es war ein sonniger Wintertag mit eisig kaltem Wind. Mein Vater sagte immer, der Ostwind sei so frostig kalt, daher nahm ich an, wir hatten Ostwind. Den Stadtteil, durch den ich nun fuhr, kannte ich so gut wie gar nicht, obwohl mir die Stadt sehr vertraut war. Ich fuhr an riesigen Gebäuden vorbei, die ich noch nie in meinem Leben gesehen hatte. Ich musste lächeln, denn es war mir auch nicht wichtig. Mich zog es aufs Land und weniger in die Stadt. Ich besuchte eine junge Frau. Viel wusste ich nicht von ihr. Nur, dass sie Künstlerin war. Das machte mich neugierig.

Ich klingelte an einem Hauseingang, der nicht sehr einladend auf mich wirkte. Bisher war ich in große und schicke Häuser für die Räucherungen gerufen worden. Nun, ich war gespannt, was mich hier erwartete. Im vierten Stockwerk öffnete eine junge Frau Anfang dreißig die Tür. Sie war, so nennt man es wohl auch heute noch, ein punkiger Typ, und unter ihrer Mütze schauten blonde Haarsträhnen heraus, deren Spitzen pink eingefärbt waren.

Als ich in die Wohnung trat, erzählte sie mir, dass sie vor vier Wochen in die circa vierzig Quadratmeter große Wohnung eingezogen war und das Bedürfnis hatte, hier neu anzufangen. Den Neuanfang wollte sie mit Räucherritualen manifestieren. Ich sah mich um, spürte in den Raum hinein und merkte schnell, dass hier nicht nur die Energie unangenehm war, die Wohnung war auch eher chaotisch. Willst du einen Menschen kennenlernen, schaue dir an, wie er wohnt, so sagt man. Vielleicht entsprach dieses Unaufgeräumte auch dem inneren Wesen der punkigen Frau, und sie hatte ihre innere Balance noch nicht gefunden? Auf der Hinfahrt hatte ich bereits die Information bekommen, dass es hier auch um eine Karma-Ablösung der Bewohnerin ging. Karma ist das dem Menschen zugeordnete Schicksal, das durch gute und weniger gute Taten des jetzigen und des vorherigen Lebens bestimmt wird.

Ich begann mit der Räucherung direkt in ihrer Aura. Hierfür nahm ich Fichtenharz, das Heilung bei alten emotionalen Wunden bringt. Wir

alle haben schon Verletzungen erfahren und sind unterschiedlich damit umgegangen. Hier durfte sich nun einiges auflösen, und ich führte sie durch einen Prozess, die Liebe zu sich selbst anzunehmen.

Nach einer Weile fragte ich, was sich hinter der verschlossenen Tür befand. Sie führte zu dem Zimmer ihres Mitbewohners. Gegen Mittag erschien nach einem Klopfen an der Tür ein junger, verschlafener Mann Ende zwanzig. Hier wurde offensichtlich auch in der Woche ausgeschlafen. Ich schaute ihn an und sah einen hochsensiblen Menschen. Viel zu oft und zu schnell haben wir Vorurteile, und auch ich ertappte mich in dieser Situation dabei. Doch meine Vorurteile hatten keine Möglichkeit, zu dominieren. Seine Augen berührten sofort mein Herz, und mir wurde plötzlich bewusst, dass ich hier auf zwei wundervolle Menschen getroffen war, deren Geschichte mich tief im Herzen berührte. Eine Frau, die mit einer wunderbaren Stimme gesegnet war, und ein Mann, der den Erwartungen dieser Gesellschaft nicht gewachsen war. Menschen, die keinen so guten Start ins Leben gehabt hatten und die zu dünnhäutig waren, um den Ansprüchen gerecht zu werden. Die in den Augen der Gesellschaft einfach nicht richtig funktionierten. Dazu kamen Suchtproblematiken und Diagnosen, die wie Narben an ihnen hafteten, sowie die Pharmaindustrie, die den Kreislauf leider auch nicht beendet.

Ich begleitete den jungen Mann in sein Zimmer. Mit dabei ein Räuchergefäß mit heißer Kohle und **TULSI,** dem Kraut aus Indien, von der heiligen Pflanze, die dort in keinem Tempel fehlt. Auch hier stand eine

Gitarre an der Wand. Eine sichtbar musikalische Wohngemeinschaft. Doch was hier wohl gespielt wurde?

Ich bat darum, an dem offenen Laptop ein Video eines Mantras für Schutz und Kraft aufrufen zu dürfen. Da erklang es, erfüllte den Raum und zauberte ein strahlendes Lächeln auf das Gesicht des Mannes. Die Idee war geboren, dieses Mantra in Zukunft auf der Gitarre zu spielen. Noch ein wenig zögerlich nickte er. Der erste Schritt für einen neuen Anfang war gemacht.

Und damit hier das Leben nicht verschlafen wurde, hatte ich zu guter Letzt noch eine Affirmation für die beiden, die ganz groß an die Wohnungstür geklebt werden durfte und die hieß:

»Danke, lieber Gott, für diesen Tag, den du mir geschenkt hast!«

Ocimum sanctum

SAMMELORT:

Tulsi, auch Tulasi genannt, kommt ursprünglich aus Indien. Die zarte Pflanze, das heilige Basilikum, braucht viel Sonnenlicht und Zuwendung. Doch es ist einen Versuch wert, dieses hochsensible Kraut bei sich zu Hause anzupflanzen und vor Frost zu schützen. Wenn es nicht gelingt, ist es auch als getrocknetes Kraut zu kaufen.

SAMMELZEIT:

Je nach Wuchs können die Blätter ganzjährig geerntet werden. Doch vorzugsweise nach den sonnigen Monaten, damit sich die Kräfte des Tulsi ganz entfalten können.

WIRKUNG BEIM RÄUCHERN:

Der Tulsistrauch ist die pflanzliche Gestalt der Göttin Vrinda Devi. Sie ist die arrangierende Kraft von all dem Göttlichen. Sie bietet nicht nur Schutz, sondern sorgt auch für Gesundheit und ein langes Leben. Verräuchert dürfen die Blätter und Blüten mit ihrem hohen Segen für die Räume und deren Bewohner zum Einsatz kommen. Durch ihre spirituelle Ausrichtung hat Negativität keine Wirkung mehr.

ÜBRIGENS:

Tulsi gilt in Indien als heilige Pflanze, und man findet sie in Tempeln zu den Lotosfüßen von Krishna. Aus dem Kraut werden Tulsi-Ketten angefertigt, die der Umarmung des göttlichen Paares Radhakrishna gleichkommen. Auch werden aus den Samen der Tulsipflanze Gebetsketten, sogenannte »Malas«, hergestellt. In der indischen Medizinlehre Ayurveda spielt Tulsi eine wichtige Rolle.

Die unerwartete

Liebesräucherung

Meine heutige Kundin wohnte nur zwei Stadtteile von meinem Wohnort entfernt. Wie gerne fahre ich solche Strecken mit dem Fahrrad! Doch inzwischen hatte ich zwei Köfferchen, voll mit dreißig verschiedenen Kräutern, Harzen und Hölzern, zu transportieren.

So saß ich in meinem parkenden Auto. Der Regen prasselte auf das Dach, und ich las die Nachricht, die ich während der Fahrt über mein Handy empfangen hatte. Der Termin verschob sich um etwa zehn Minuten. Ich genoss die Zeit des Wartens.

Dann betrat ich die Vier-Zimmer-Wohnung und wurde von einer Frau begrüßt, die ein sehr klares und zielgerichtetes Auftreten demonstrierte. Sie erklärte mir direkt das Anliegen für die energetische Hausreinigung: Vor acht Monaten war sie mit ihrem Freund in diese Wohnung eingezogen. Seitdem litten ihr Partner und auch ihre Tochter im Teenageralter, die zum Teil bei ihrem Vater lebte, unter Niedergeschlagenheit.

Als ich mich nach den Vormietern erkundigte, erfuhr ich, dass dort vorher über dreißig Jahre lang ein alleinstehender Mann gelebt hatte. Über eventuelle Krankheiten konnte sie mir nichts sagen.

Die Kundin selbst fühlte sich in der Wohnung wohl. Sie hatte jedoch Befürchtungen, dass die Energien des Vormieters einen Einfluss auf das Wohlbefinden ihres Freundes und ihrer Tochter hatten. Sie führte mich in den Raum, in dem der Partner sich überwiegend während seiner depressiven Phase aufgehalten hatte. Er war durch eine Schiebetür von einem zweiten Raum getrennt. Ich bat darum, die Tür zu öffnen. Interessanterweise standen in dem einen Raum nur Gegenstände des Mannes, und in dem anderen nur Gegenstände der Frau. Zudem kam noch die Hausnummer hinzu, die mich darauf hinwies, dass es hier um eine Zusammenführung von Mann und Frau ging.

Die Kundin ließ mir freien Raum, und auch der Freund, der in der Zwischenzeit dazugekommen war, ließ mich nach einer kurzen Begrüßung arbeiten. Ich fing genau in dem Raum an, in dem er sich gerne aufhielt. Dort hing ein Bild an der Wand, das mir sofort auffiel. Es strahlte eine Energie in den Raum ab, die eher beklemmend wirkte. So stand ich da, mit meiner Schale glühender Räucherkohle in Erde eingebettet, und rief den Freund hinzu. Ich wollte gerne mehr über das Bild erfahren. Und so erzählte er mir, dass das Bild von dem Lieblingskünstler seiner Mutter gemalt sei und einen Kamin mit Feuer darstellte. Ich fragte ihn nach der Bedeutung, und er erwiderte, das Bild schenke ihm Geborgenheit und irgendwie fühle er sich beim Betrachten des Bildes zu Hause.

Während des Gesprächs räucherte ich das Bild mit **BERNSTEIN** ab. Bernstein reinigt stark und gibt die Sonnenenergie zurück. Zudem bekam das Bild über das Räuchern neue positive Informationen und transformierte die Energien, die nicht so förderlich für ein schönes Wohnen waren.

Aus dem Vorgespräch mit der Kundin wusste ich, dass sie das Bild überhaupt nicht mochte. Ich fragte den Mann, ob er seiner Partnerin schon einmal erzählt hatte, was das Bild für ihn bedeutete. Es erklang ein Nein. So holte ich die Partnerin auch in den Raum und bat ihn darum, es ihr mitzuteilen. Sie war gerührt, und ihr fiel sofort auf, dass das Bild viel heller und klarer wirkte als vor der Räucherung.

Dann, ganz unerwartet, brach die Frau in Tränen aus. Der Fluss der Tränen sollte die Hausreinigung über anhalten. Was nun passierte, war rührend. Der Mann sorgte liebevoll für seine Frau, die sichtlich überrascht von der Wirkung des Räucherns war – hatte sie doch seit ewig langer Zeit nicht mehr geweint. Und nun löste sich alles.

So reinigte ich die beiden Räume alleine weiter, während die beiden sich im Schlafzimmer zurückzogen. Zeitgleich verband ich die beiden Räume miteinander. Als ich dann beim Schlafzimmer ankam, erblickte ich einen Trost spendenden Mann, der nun die Rolle übernahm, die

Frau zu halten und zu umsorgen, während sie sich fallen ließ und hingab. Ich legte getrocknete Rosenknospen auf die heiße Kohle und segnete die beiden mit einer Liebeszeremonie. Hier war ganz unerwartet eine große Heilung geschehen, die alles Alte auflöste und den beiden einen guten Start in das neue Zusammenleben ermöglichte.

Nun kam auch die zwölfjährige Tochter dazu. Ich hatte darum gebeten, dass sie dabei war, wenn ich ihr Zimmer ausräucherte. Ich sah ein zartes, fröhliches junges Mädchen mit offenem Blick. Sie hatte von dem Räuchern gehört und war nun ganz neugierig auf die Wirkung. Ihrem Alter entsprechend, hatte sie auch ein paar eigene Wünsche, die sie mir anvertraute und die ich ihrer Mutter und deren Freund übermitteln sollte. Als Erstes sollte ein Schild an der Außenseite der Tür angebracht werden: »Bitte nicht stören!« Die Erwachsenen nickten lächelnd.

Dann suchten wir noch den idealen Platz für das gemeinsame Sofa der Familie aus. Mithilfe meines Tensors, auch Einhandrute genannt, testete ich die Resonanz-Energien der einzelnen Familienmitglieder, und so fand sich mittig im Raum ein Ort, an dem sich alle wohlfühlten. Nun sah ich eine Familie, die herzlich miteinander kommunizierte und fröhlich und entspannt wirkte. Die Zusammenführung von Mann und Frau hatte eine starke Auswirkung auf das gesamte Umfeld. Alles schwang in der Frequenz der LIEBE.

Erfüllt und verzaubert verließ ich langsam die Atmosphäre der unerwarteten Liebesräucherung und verabschiedete mich.

Bernstein

Electrum

SAMMELORT:

Bernstein, das Gold des Nordens, ist fossiles, versteinertes Harz verschiedener Nadelbäume. Beliebte Sammelorte sind die Strände an Nord- und Ostsee.

SAMMELZEIT:

Das Harz wird nach kalten, rauen und windigen Nächten an die Strände gespült, denn nur wenn das salzige Meerwasser kalt ist, treibt der Bernstein an der Oberfläche. Am besten eignen sich daher die frühen Morgenstunden im Herbst und Winter zum Sammeln.

WIRKUNG BEIM RÄUCHERN:

Bernstein, auch Sonnenstein genannt, gibt beim Räuchern viel Licht in die Räume. Er bringt die Sonne der Götter und schafft damit eine Atmosphäre der Erneuerung. Ich benutze den Bernstein bei meinen Räucherungen sehr gerne für das Fundament, die Kellerräume. Angefangen an den Wurzeln des Hauses, kann der Bernstein eine kraftvolle Reinigung erzeugen und Schutz geben. Durch seine starke Reinigungskraft kann er auch nach Krankheiten geräuchert werden. Er heilt das Gemüt, bringt Fröhlichkeit zu den Bewohnern, und schenkt uns neuen Mut, Kraft und Glauben. Beim Verräuchern gibt das Harz einen eher unangenehmen Geruch ab. Oft erinnert er an verbrannte Autoreifen. Dafür ist seine Wirkung umso heilsamer. Da er ein Harz ist, hat der Bernstein auf der heißen Kohle eine lange Verbrennungszeit. Wer mag, gibt noch etwas Zedernholz hinzu. Das gibt dem Bernstein eine süßlich holzige Note sowie seinen Ursprung zurück, denn das Harz kann von der Zeder stammen.

ÜBRIGENS:
Der Bernstein hat eine lange Geschichte. Schon vor 10.000 Jahren wurde aus dem fossilen Harz Schmuck hergestellt, der zugleich als Beschützer vor Hexen und Dämonen beliebt war. Heute wird Babys, in der Phase des Zahnens, häufig eine Bernsteinkette umgelegt. Sie soll die Schmerzen lindern. Genauso soll Bernstein, getragen als Halsband, Hunde vor Zecken schützen.

Die große Verwandlung

Bei diesem Termin zur energetischen Hausreinigung hätte ich »Vorher-Nachher-Fotos« machen müssen. Doch wie hätte ich das ahnen können?

Aber ich möchte die Geschichte von Anfang an erzählen. Es war ein Termin, der ganz spontan in meinem Kalender Platz fand. Die Kundin war gerade in einer Umbruchphase und wünschte sich eine sofortige Veränderung. So sollte es sein!

Sie lebte seit fünfundzwanzig Jahren in einer Wohnung in einer Altbauvilla, inmitten einer Gegend, die zum Träumen einlud. Ich kannte meine Kundin bereits. Vor einigen Wochen hatte sie selbst bei mir den Kurs für die energetische Hausreinigung besucht. Doch sie fühlte sich noch zu unsicher, ihre eigenen Räumlichkeiten selbst zu reinigen, zumal sie auch noch nicht die erforderliche Ausstattung zur Verfügung hatte und nach all den Jahren bestimmt nicht mehr neutral gegenüber der dort gelebten energetischen Stimmungen war.

In der langen Zeit, die sie dort gelebt hatte, war sie mehrere Jahre verheiratet gewesen und hatte zwei langjährige Partnerschaften gehabt. Ihr letzter Partner war jedoch nie eingezogen, sondern nur zu Besuch gekommen. Nun hatte die lebendige und lebensfrohe Frau diese Partnerschaft beendet und wünschte sich einen Neuanfang.

Als ich die Treppe in die oberste Etage hinaufstieg, kam mir freudig ein Hund entgegen. Oben angekommen, stand, ebenfalls voller Freude, die Besitzerin und bat mich herein. Ich betrat einen großen Eingangsbereich, der sicherlich zwanzig Quadratmeter umfasste und als Esszimmer diente. Ich huschte fast an diesem Bereich vorbei, entlang des Wohnzimmers und hinaus auf den Balkon. Er war ein Ort der Stille, eingehüllt

in das Rauschen der hochgewachsenen Bäume, mit einem Blick in die Ferne. Ein perfekter Platz für das morgendliche Yoga meiner Auftraggeberin. Auf die Idee sei sie noch gar nicht gekommen, sagte sie mit verwundertem Blick. Doch die große Überraschung stand noch bevor.

Diese Wohnung war ein echtes Schmuckstück, herrlich eingerichtet und lichtdurchflutet. Nur der große Eingangsbereich erschien mir trotz des weißen Einbauschranks und der hell gestrichenen Wände dunkel. Wieder huschte ich durch ihn hindurch, dieses Mal in das Zimmer, das auf der anderen Seite davon abging.

Ich betrat ein helles Zimmer mit einem ziemlichen Durcheinander. An der gesamten Fensterfront verlief wieder ein Balkon bis hinüber zur Küche. Ich stand in diesem Raum und war ratlos. Welch schöner Raum, nur warum wurde er nicht genutzt?

Noch hatte ich keine Kohle angezündet. So ging ich erst mal in die Küche und fing an, die Kräuter auszuwählen. Eines davon war **MÄDESÜSS,** ein Kraut für einen Neubeginn. Nun wollte ich abwarten, welche Inspirationen mir die Kräuter gaben.

Ich wollte erst mal die Störungsenergien der letzten fünfundzwanzig Jahre freisetzen. Nachdem ich ausgiebig in dem ungenutzten Raum geräuchert hatte, schloss ich die Tür hinter mir und ließ ihn alleine weiterarbeiten.

Nun stand ich im Eingangsbereich. Die Bewohnerin erzählte mir, dass sie hier mit Gästen zusammensaß, die sie gerne zum Essen einlud – hier fand also die Kommunikation statt. Die Vorstellung war für mich unmöglich, und spontan fragte ich sie, ob sie sich nicht vorstellen könnte, das Esszimmer in den eben geräucherten Raum zu verlegen. Bei dem Anblick ihres Geschichtsausdrucks wurde mir klar, dass ich damit ziemlich viel durcheinanderbrachte. War hier so viel Veränderung gewünscht?

Dann plötzlich erhellte ein Lächeln ihr Gesicht.

Das Sofa müsste dann in den Flur. Da es aber ein Schlafsofa war, sollte es für Gäste zur Verfügung stehen. Auf meine Frage, ob sie denn häufig Übernachtungsgäste hätte, bekam ich ein »eigentlich nie« zu hören. Nun war die Blockade durchbrochen, und alles kam in den Fluss. So fasste ich mit an, um das Sofa aus dem Zimmer in den Eingangsbereich zu stellen.

Immer wieder darf ich es miterleben, dass mit den Räucherungen nicht nur Heilung in den Räumen geschieht, sondern auch Blockaden bei den Bewohnern aufgelöst werden.

Hier war eine neue Idee geboren, und das Esszimmer sollte gleich in den anderen Raum verlegt werden. »Aber doch bitte nicht die Stühle! Oder wir räuchern sie alle gründlich von all den hinterlassenen Energien ab«, hörte ich mich sagen. Fünfundzwanzig Jahre alt waren die Rattanstühle, und ein neu gekaufter war bereits vor Ort. Sie nahm die sechs alten Stühle, stapelte sie aufeinander und stellte alle vor die Haustür. Das war jetzt wirklich schnell und konsequent.

Für mich ist es eine große Freude, wenn ich so etwas miterleben darf. Die Bewohnerin war nun voller Energie und strahlte ihre Freude aus. Da nahm ich die Eichenrinde für alle Räume und gab die Information für Erdung hinein. Wenn wir besonders hoch schwingen und dann auch noch in der obersten Etage zum Universum ausgerichtet sind, haben Hölzer eine gute Wirkung auf unsere Stabilität. Fast fertig mit der Räucherung, fiel mir der kleine Tisch auf, der als Sekretär diente. Seine Kante ragte in den Eingangsbereich und stoppte den Energiefluss der runden Schwingung, die von der Wand ausging. Auf meine Frage hin, ob er da stehen müsse, nahm die Bewohnerin das Tischlein und gab ihm in Sekundenschnelle einen neuen Platz im Eingangsbereich, den ich intuitiv auch gewählt hätte. Mit der Schwingung meiner Klangschale machte ich den Weg nun auch energetisch frei.

Die Bewohnerin war außer sich vor Freude, und nach einer herzlichen Umarmung bekam ich sogar einen freudigen Klaps auf meinen Hintern. Ich war mir sicher, dass hier nun alles im Fluss war, weil die erwünschte Veränderung durch die große Verwandlung der beiden Räume geschehen war.

Manchmal sind wir nach vielen Jahren so fest mit der Energie unserer Wohnung verbunden, dass wir selbst nicht daran denken, wie es sein könnte, Räumen eine neue Bestimmung zu geben!

Mädesüß

Filipendula ulmaria

SAMMELORT:
Mädesüß findet man an Bachläufen, auf feuchten Wiesen und in Gräben.

SAMMELZEIT:
Die Blüten werden von Juni bis August gesammelt. Ein besonders magischer Zeitpunkt zum Sammeln ist die Sommersonnenwende.

WIRKUNG BEIM RÄUCHERN:
Zum Räuchern verwendet man die Blüten. Mädesüß gibt uns Kraft für einen Neuanfang und schenkt uns Glück auf unseren Wegen. Es steht auch für Unschuld, für das Mädchenhafte in uns und verstärkt unsere Intuition und Träume.

ÜBRIGENS:
Mädesüß kann mit seinen Fähigkeiten besonders zum Jahresbeginn geräuchert werden. Es hilft uns, Altes loszulassen, sodass wir frei für den Neubeginn sind und das Glück in unser Leben ziehen. Das Kraut lässt uns in Übergangszeiten wachsen.

Kein Entrinnen
vor schlechten
Wünschen möglich?

Ich fuhr mit meinem Auto auf einen Supermarktparkplatz. Hier hatte ich mich mit einer Kundin verabredet. Sie parkte neben meinem Auto, und wir luden die beiden Koffer voller Räucherstoffe in den Kofferraum ihres Autos. Normalerweise fuhr ich immer direkt zu der angegebenen Adresse, doch hier sollte der Weg sehr steil und eng zum Haus hochführen. Ich nahm auf dem Beifahrersitz Platz, und nach wenigen Minuten war ich sehr froh, dass ich den Weg nicht selbst hochgefahren war. So kamen wir sicher an, und ich betrat nach einigen umfassenden Blicken das Haus. Meine Kundin bewohnte mit ihrem neuen Freund den unteren Bereich des Hauses, darüber wohnten direkt die Vermieter und in der zweiten Etage der Sohn des Vermieters mit seiner Frau und zwei Kindern.

Das Haus entpuppte sich als sehr hellhörig. Sobald im Treppenhaus gesprochen wurde, vernahm man die Stimmen in der Erdgeschosswohnung. Meine Kundin fühlte sich sehr unwohl damit, dass der Eingangsbereich sofort in das geräumige Wohnzimmer überging. Hier half nur eine großzügige spanische Wand. Als Miniatur stand sie bereits als Dekoration neben der Eingangstür. Intuitiv tun wir oft schon das, was uns guttut.

Plötzlich wurde es auf der Terrasse lebendig. Ein Mann lief an dem großen Fenster vorbei, gefolgt von einer Frau. Ich fragte, wer die Menschen seien, und bekam zur Antwort: »die Vermieter«. Mir fehlten die Worte. Hier fehlte es eindeutig an Privatsphäre! Ich erfuhr von der Frau

und ihrem neuen Partner, dass die Vermieter immer über die Terrasse in ihren Garten gingen. Das sei vor vier Jahren so vereinbart worden. Ich schaute hinaus und sah einen weiteren Weg, der nicht über die Terrasse führte. Dieses Problem konnte ich mit meiner Räucherung nicht sofort lösen, doch es sollte sich später herausstellen, dass der Zusammenhalt der beiden Mieter es auflösen könnte.

Beim Räuchern erfuhr ich die Geschichte des Freundes meiner Kundin. Er war noch verheiratet, und seine Frau wollte ihm die Hölle auf Erden bereiten. Wie kann man von solch schlechten Wünschen entrinnen? Ich spürte, dass ich mit dem Partner arbeiten sollte, und so nahm ich den kraftvoll reinigenden **SALBEI** und bat um Trennung der energetischen Schnüre, die ihn über die Jahre stark mit der Ex-Frau verbunden hatten. Hier war es mit nur einer Aura-Reinigung wohl nicht getan, doch es sollte ein Anfang sein, und manchmal passieren ja auch Wunder.

Die Partnerin saß auf dem Sofa und schaute uns zu. Sie hatte selbst erst ihre Scheidung hinter sich und war noch nicht wieder ganz stabil. Wie weit durfte ich hier gehen? Der Mann schien mir auch eher verletzt und instabil. Die beiden konnten sich unmöglich gegenseitig tragen. Es war offensichtlich, dass hier beide lernen durften, nur für sich verantwortlich zu sein, und so ließ ich sie während der Aura-Reinigung laut nachsprechen: »Du bist für dein Leben verantwortlich, und ich bin für mein Leben verantwortlich. Gemeinsam finden wir über die Liebe in unseren Herzen zueinander.«

Ich begab mich mit meiner Kundin in das Schlafzimmer. Auch hier führte das Fenster hinaus zur Terrasse, und ich erkundigte mich noch einmal, ob es nicht möglich sei, die Vermieter zu bitten, den anderen Weg zu benutzen. Schließlich hatte sich durch den Einzug des Partners die Wohnsituation geändert. Ein Ver-

such sei es doch Wert! Meine Kundin reagierte zuerst zögerlich. Doch während der Räucherung wurde sie immer gefestigter, mutiger und selbstbewusster.

Noch standen hier Koffer und Taschen gefüllt mit Männerkleidung unordentlich herum. Das störte meine Kundin, und doch tat sie sich schwer, Platz für das gemeinsame Ankommen freizuräumen. Da half nur, Mädesüß für einen Neuanfang zu räuchern. Auf der Kommode stand ein Foto von ihren zwei Söhnen, und sie wünschte sich, es nun aus dem Schlafzimmer hinauszubringen und einen neuen Platz im Wohnzimmer zu wählen. Dabei fiel das Bild der beiden herunter, und dahinter kam eine Einladung mit einem Foto der Vermieter zum Vorschein. Das war nun sehr nah in der Privatsphäre, und die Mieterin nahm es, ging damit direkt zum brennenden Kamin und schmiss es ins Feuer. Sie strahlte mich freudig und erleichtert an. Wir fingen gemeinsam an, zu lachen, und der Partner stieg mit ein.

Nun waren alle Räume geräuchert und hatten die passenden Informationen über die jeweiligen Kräuter bekommen. Nun bat ich beide, sich mit mir an den Tisch zu setzen. Ich legte Rosenblätter auf die glühende Kohle und bat sie, sich anzuschauen. Sie nahmen sich an den Händen, sahen sich in die Augen und sprachen Worte und kurze Sätze nach, die ich für die beiden empfing, um ihre Liebesbeziehung zu stärken.

Auch wenn noch ein holpriger Weg vor ihnen lag, ihre Wurzeln waren gefestigt. So ließ ich beide gemeinsam die Erde von der Räucherung zurück an den Platz bringen, an dem sie zuvor entnommen wurde. Die beiden taten dies so vereint und innig, dass sie die Vermieterin, die gerade in dem Moment wieder auf der Terrasse vorbeiging, gar nicht bemerkten. Hier war es eindeutig zu einer starken Verbindung gekommen, und ich war voller Dankbarkeit für die wundervolle Führung bei dieser energetischen Hausreinigung, die wieder einmal für eine Überraschung gesorgt hatte.

Und auch wenn man schlechten Wünschen nicht immer gleich entrinnen kann, eine gemeinsame starke Verbindung über die Herzen kann vieles erträglicher machen.

Salbei

Salvia officinalis

SAMMELORT:
Salbei stammt ursprünglich aus dem Mittelmeerraum, wächst und gedeiht inzwischen aber auch gut in unseren Gärten. Er ist lose und auch als Kräuterbündel (Smudge-Stick) im Handel erhältlich.

SAMMELZEIT:
Geerntet werden die Salbeiblätter vor oder nach der Blüte, meist im Mai und September.

WIRKUNG BEIM RÄUCHERN:
Salbei hat eine besonders starke Reinigungskraft bei Fremdenergien. Daher wird er auch bevorzugt für die Aura-Reinigung genutzt. Der Rauch befreit von belasteten Energien im emotionalen wie auch im mentalen Bereich. Räume reinigt er und bringt wieder Klarheit hinein. Für die Räucherung mit Salbei braucht man keine Kohle anzuzünden. Es reicht, die getrockneten Blätter in einer feuerfesten Schale anzufachen. Mit den klein geriebenen Blättern kann direkt geräuchert werden, z. B. in der Praxis nach einer Behandlung. Dafür eignet sich auch der Smudge-Stick. Im Anschluss ist es ratsam, direkt das Fenster zu öffnen, damit der sich stark entwickelnde Rauch abziehen kann.

ÜBRIGENS:
Salbei erinnert uns an den Schamanismus, ist er doch als indianisches Räucherwerk bekannt. Doch er galt und gilt auch anderenorts als Allheilmittel. Bei den ersten Anzeichen von Halsschmerzen ist es hilfreich, mit Salbei zu gurgeln, denn er hat eine entzündungshemmende Wirkung. Aber auch als Tee getrunken, hat der Salbei vielerlei Heilkräfte.

Die zurückgelassene Truhe

Vor einigen Wochen hatte ich einen Anruf von einer jungen Frau bekommen, die mich gefragt hatte, ob ich auch für die Räucherung einer alten Truhe vorbeikäme. Das hatte sofort mein Interesse geweckt, und ich hatte gehofft, dass sie nicht allzu weit von meinem Heimatort entfernt wohnte.

Meine Kundin würde demnächst umziehen, und die Truhe sollte dann aus Platzgründen erst mal zurück in das Elternhaus, dort, wo sie ursprünglich herkam. Doch die Mutter wollte auf keinen Fall, dass die Truhe mit aufgenommenen Fremdenergien in ihrem Haus stand. Holz nimmt bekanntlich die Energien sehr gut auf und speichert sie. Das ist auch besonders bei Antiquitäten zu beachten.

Zum Glück befand sich die Truhe gar nicht weit von mir entfernt, und so hatten wir einen Termin für heute vereinbart. Die Frau Anfang zwanzig führte mich direkt in den Kellerraum des Mehrfamilienhauses. Sie öffnete die Kellertür, und dort stand das gute Stück. Ich betrachtete die Truhe erst von Weitem, um ein Gefühl für sie zu bekommen. Wie wirkte die Truhe auf mich? Sie hatte schon etwas Ehrfürchtiges, und doch war sie irgendwie freundlich. Holz ist lebendig, und so konnte ich gut eine Beziehung zu der Truhe herstellen. Meine Kundin war ebenfalls sehr offen und konnte mit meinen Äußerungen sofort etwas anfangen.

Beim Öffnen der Truhe knarrte es, und ein großer Stauraum kam zum Vorschein. Die Scharniere hielten das Gewicht des Deckels nicht, sodass meine Kundin den Deckel geöffnet hielt. Im Innenraum gab es ein kleines Seitenfach, und beim Öffnen quietschte es ein wenig unheimlich. Ich entschied mich für eine sehr kraftvolle Räucherung und nahm **BEIFUSS** gemischt

mit Lavendel. Später folgte noch eine Räucherung mit Kräfte weckenden Lorbeerblättern, und zum Abschluss nahm ich etwas Holziges, um die Holzenergie wieder zu aktivieren. Während der Reinigung kamen unterschiedliche Gerüche aus der Truhe. Einmal kam für einen kurzen Moment ein stark übel riechender Geruch hervor, der aufstieg und dann verschwand. Ich sah in das verzerrte Gesicht meiner Kundin, die diesen Geruch auch wahrgenommen hatte.

Doch hier ging es nicht nur um die Reinigung der Truhe. Das ewig zurückgelassene Möbelstück wollte auch unbedingt wieder ein Zuhause finden. Seit Jahren war es nur von Keller zu Keller gewandert. Auch wenn meine Kundin die Truhe in der Zwischenzeit abgeschliffen und neu lackiert hatte, so wollte sie doch auch endlich aus den Kellerräumen ausziehen.

Ich bat die Besitzerin der Truhe, ihre Hände auf das Herzstück des Deckels zu legen, die Augen zu schließen und einfach bei dem Klang des Mantras, das ich gleich zu singen beginnen würde, eine Verbindung zu ihr aufzunehmen. Das Mantra handelte von dem allumfassenden Frieden und der Liebe in den Herzen aller Wesen. Der Klang bekam durch die Kellerwände eine wunderschöne helle Frequenz, und der ganze Raum weitete sich aus und schien plötzlich sehr hell. Dann erschienen meiner Kundin Bilder in Bezug auf den gemeinsamen Weg mit der Truhe. Sie sah, dass in der Truhe eines Tages ihr Brautkleid zur Aufbewahrung liegen würde, und auch die Kleidungsstücke ihrer Kinder sollten in der Truhe einen sicheren Ort bekommen. Die Truhe würde immer einen Platz in ihrem Leben haben.

Zuerst mal würde sie nun doch mit ihr in die Wohngemeinschaft ihres Freundes ziehen. Dort sollte sie einen Platz bekommen, den meine Kundin bereits ausgewählt hatte. Darauf ein kuscheliges Lammfell mit ein paar Kissen, und schon ist die schönste Stelle zum Träumen und Ausruhen hergestellt.

Es hatte viele Jahre gebraucht, um der Truhe wieder ein Zuhause zu geben. Keiner wusste, woher sie kam und wo sie gestanden hatte. Zurückgelassen von den Vormietern des Elternhauses, war sie in den Keller gestellt worden, und doch hatte sie immer das Herz meiner Kundin berührt. Nun, nach der Reinigung mit den Kräutern und Hölzern, hatte die Truhe wieder eine Aufgabe. Bevor wir ihren Deckel wieder herunterließen, nahm ich eine Handvoll Rosenblätterblüten und streute sie auf den Boden der Truhe. Das war ein wunderschöner Abschluss, und schon am nächsten Tag sollte der Umzugswagen kommen.

Beifuß

Artemisia vulgaris

SAMMELORT:
Beifuß ist eine heimische Pflanze und ist in ganz Europa zu finden. Er wächst und gedeiht besonders gut auf kargen Böden. Oft sieht man ihn sogar in der Nähe von Stromkästen und auf Verkehrsinseln. Beim Sammeln ist stets auf die Reinheit zu achten.

SAMMELZEIT:
Man verwendet die getrockneten Blätter zum Räuchern, die Blüte kurz vor dem Aufgehen. Sie werden von April bis Juli geerntet, danach setzt die Blüte ein.

WIRKUNG BEIM RÄUCHERN:
Beifuß ist als Schutz- und Heilpflanze bekannt. Er ist eines der beliebtesten Räucherkräuter, das seine Wirkung besonders beim Reinigen von Störungsfeldern und Elektrosmog entfaltet und allgemeine Spannungen abbaut – z. B. Störungsfelder, die durch Stress oder Streitigkeiten entstanden sind. Zudem schenkt der Beifuß einen hohen Segen, unterstützt uns bei Veränderungen im Leben, gibt Kraft beim Loslassen und wird zum Vertreiben von Geistern und Dämonen eingesetzt.

ÜBRIGENS:
In Form von Räucherungen oder aufgehängten Sträußen gilt der Beifuß in vielen Gegenden als Schutzmittel gegen Krankheiten oder schädliche magische Einflüsse.

Der gewebte Teppich aus dem fernen Land

Ich stand vor der Eingangstür eines Mehrfamilienhauses und schaute auf das Klingelbrett, doch ich konnte den gesuchten Familiennamen nirgends finden. Ich schaute noch einmal auf meinen Zettel, auf dem ich mir den Namen und die Adresse meiner Kundin notiert hatte. Doch, es schien alles richtig zu sein. Ich nahm mein Handy und wählte ihre Nummer. Komisch, ich hatte keinen Empfang. »Okay«, dachte ich – ich kannte diese Situation schon, hier wirkten die typischen »Verhinderungsenergien«. Mal war meine Autobatterie leer gewesen, als ich zu einem Termin hatte fahren wollen, und es war auch schon vorgekommen, dass ein Reifen platt war. Also war ich nicht so sehr verwundert.

Ich erblickte seitlich am Haus ein Gerüst, auf dem gerade Handwerker arbeiteten, und ich fragte sie, ob ich kurz auf einem ihrer Handys telefonieren dürfte. Und so erreichte ich schließlich doch meine Kundin, die sich entschuldigte und sagte, dass das Klingelschild noch nicht ausgewechselt worden war. Sie ließ mich herein und bat mich in den vierten Stock. Glücklicherweise gab es einen Fahrstuhl, und ich musste meine Koffer mit all meinen Kräutern und Utensilien nicht die Treppen hinauftragen. Ich befand mich in einem Altbau, und als ich den Fahrstuhl betrat, fragte ich mich insgeheim, ob er es schaffen würde, mich nach oben zu bringen. Eine alte Holzbank ließ sich als Sitzfläche herunterklappen, und um den Fahrstuhl in Bewegung zu setzen, musste man die beiden Holztüren schließen. Dann rüttelte er los. Der Gedanke, dass hier auch mal eine Räucherung durchgeführt werden sollte, huschte durch meinen Kopf.

Kurz darauf betrat ich einen Wohnraum mit offener Küche von circa siebzig Quadratmetern. Die gesamte Wohnfläche sollte hundertfünfzig Quadratmeter betragen. Es wirkte riesig und irgendwie verloren auf mich. Meine Kundin wohnte hier mit ihrem Mann, und sie berichtete, dass die Wohnung in der Zeit während eines Auslandsaufenthaltes zweimal vermietet gewesen war. Zuerst an einen Herrn Anfang fünfzig, der im Management gearbeitet hatte und selten zu Hause gewesen war. Im Anschluss an eine junge Familie. Die Frau hatte sehr viel Zeit allein mit dem Neugeborenen verbracht, da ihr Mann geschäftlich viel auf Reisen gewesen war. Außerdem erfuhr ich, dass in der Zeit der Vermietung eingebrochen worden war.

Ich betrat die Zimmer im hinteren Teil der großzügig geschnittenen Wohnung und machte mir einen ersten Eindruck. Dann schickte mich die Besitzerin eine Treppe hinauf, die zu einer Dachterrasse führte. Ich öffnete die Glastür und blickte über die Dächer der Stadt. Was für ein herrlicher Ausblick, und die Natur beschenkte mich zudem noch mit einem feuerroten Sonnenuntergang. Ich genoss die Aussicht und machte mich dann an meine Arbeit.

Das Ehepaar hatte mehrere Jahre in China gelebt und einiges aus dem Land mitgebracht. So lag im Wohnzimmer ein großer von Hand gewebter Teppich. Ich fand seine energetische Ausstrahlung eher schwach. Beim Weben geben wir unsere Gedanken mit in das Kunsthandwerk hinein, und sie werden wiederum ausgestrahlt. In diesem Fall direkt in die Wohnräume. Besonders schön ist es, während dieser Tätigkeit ein kraftvolles Mantra zu rezitieren. Wir gingen beide davon aus, dass der Teppich ohne ein Mantra gewebt worden war. Ich kniete mich nieder, legte meine Hände auf den Teppich und sang ein

Mantra, das für Frieden und Liebe stand. Ich wiederholte es an allen vier Ecken des Teppichs, und zum Schluss begab ich mich in seine Mitte. Der Teppich strahlte jetzt eine freundliche Energie aus und wirkte viel heller. An meiner Seite hatte ich eine sehr hellfühlige Frau, die mir das sofort bestätigte.

Als Esszimmertisch diente eine alte Holztür aus China. Eine tolle Idee, und ein massives Holz, das sicher im Laufe seiner Zeit viele Energien beim Herein- und Hinausgehen aufgenommen hatte. Inzwischen war die Räucherkohle glutrot, und ich legte Kräuter für die Reinigung auf. Ganz neu in meinem Sortiment hatte ich eine Mischung aus Beifuß, Fichtenharz und Lavendel. Der Beifuß reinigt kraftvoll, das Fichtenharz arbeitet im emotionalen Bereich, und der Lavendel gibt zusätzlich Schutz hinzu. Perfekt für diese alte Tür.

Dann gab es versteckt an einer Rückwand einen alten Schrank. Beim Abräuchern entpuppte sich der antike Schrank jedoch als Herzstück der Wohnung. Das Holz war erfüllt mit liebevoller Energie, und oberhalb der Türöffnung in der Mitte waren zwei Herzen geschnitzt worden. Sie waren ineinander verschlungen und strahlten sehr viel Liebe aus. Dieser Schrank sollte im Zentrum der Wohnung stehen, und da meine Kundin noch am Einrichten der Möbelstücke war, suchten wir einen neuen Platz für den Schrank aus. Er war jedoch so massiv, dass das Möbelrücken noch auf kräftige Männer würde warten müssen.

Nun wollte ich mich um den Eingangsbereich kümmern. Hier war kein energetischer Schutz vorhanden, und nach dem Räuchern setzte ich ein kraftvolles Symbol, das nur Gutes in diesem Heim zulassen sollte. Zudem gab ich noch ein paar Anregungen zu Pflanzen und Symbolen, die den Bereich zusätzlich stärken konnten. In diesem Fall bot sich der Kaktus mit seinem stacheligen »Fell« an, um eine zusätzliche Abgrenzung anzustreben, und auch die Blume des Lebens könnte hier mit ihrer kraftvollen Ausstrahlung gut für Schutz und Frieden sorgen.

Beim Austesten des Energieflusses mit meiner Klangschale bemerkte ich, dass die Energie zur Dachterrasse hinauf entschwand. Dadurch wurde der untere Wohnbereich energetisch geschwächt. Ich empfahl, Kristalle anzubringen, um die Energie zu stoppen. Meine Kundin kam mit zwei Kristallen in den Händen zurück. Ich bat darum, sie unter fließendem Wasser zu reinigen, und lud sie dann kraftvoll mit Energie aus meinen Händen auf. Einige Minuten später hingen die Kristalle über dem Treppenbereich und entfalteten ihre Wirkung.

Und dann gab es noch ein Zimmer, das meine Aufmerksamkeit besonders benötigte. Hier hatte der Sohn aus erster Ehe des Mannes gewohnt. Das Verhältnis meiner Kundin zu diesem jungen Mann war eher schwierig. Das zeigte sich sofort in einem Unwohlsein, als sie den Raum betrat. Hier hatte sich der Ehemann ein Arbeitszimmer eingerichtet, indem er den Schreibtisch in eine Ecke gestellt, seine elektronischen Geräte angeschlossen, Kisten in den Ecken gestapelt hatte und sich nun einfach nicht weiter darum kümmerte. Doch er fühlte sich wohl. Hier wirkte vorrangig die männliche Energie, und das Zimmer fühlte sich sehr wohl damit. Nach dem reinigenden Räuchern mit dem Beifuß, gab ich noch ein **LORBEERBLATT** auf die glühende Kohle, für Erfolg und ein langes, siegreiches Leben, und damit war auch meine Kundin zufrieden. Hier durfte es so bleiben, wie sich die Männer wohlfühlten.

Dafür begaben wir uns nun in einen Raum, der sehr viel weibliche Energie ausstrahlte. Hier wohnte damals die gemeinsame Tochter, und nun sollte der Raum für meine Kundin als Zimmer der Kreativität dienen. Somit war ein gutes Gleichgewicht hergestellt.

Zum Abschluss ging ich mit meiner Kundin durch alle geräucherten Räume. Durch ihre intuitive Wahrnehmung konnte sie bereits Veränderungen spüren, auch wenn es ihr noch schwerfiel, diese in Worte zu fassen, doch sie fühlte nun, dass es wieder ihr Zuhause und sie gerade wieder angekommen war.

Lorbeer

Laurus nobilis

SAMMELORT:
Als Gartenpflanze ist der Lorbeer bei uns weniger bekannt. Er kommt aus dem Mittelmeerraum und ist als Gewürz in unserer Küche nicht wegzudenken. Seine Blätter sind daher gut im Handel erhältlich.

SAMMELZEIT:
Ganzjährig!
Jedoch empfiehlt sich die Ernte von größeren Mengen zum Trocknen der Blätter vorzugsweise im Frühjahr oder Herbst.

WIRKUNG BEIM RÄUCHERN:
Die Lorbeerblätter können, bevor sie auf die Kohle gelegt werden, von Hand zerkleinert werden. Beim Räuchern verströmen sie einen warmen, leicht würzigen Duft. Der Rauch hat die Eigenschaft, das Dritte Auge zu öffnen und zu Selbsterkenntnis und höherem Bewusstsein zu verhelfen. Die Blätter geben Kraft und stehen für Erfolg. Der angenehme, leicht würzige Duft gibt uns Zuversicht, beruhigt unseren aufgewühlten Geist in Stresssituationen und vermittelt eine gelassene Stimmung. Bei einer Geschäftseröffnung ist der Lorbeer sehr zu empfehlen.

ÜBRIGENS:
Bereits in der Antike wurde das Lorbeerblatt bei Weihen geräuchert. Und wir kennen ihn alle aus den Geschichtsbüchern: Im alten Rom wurden bekannte Persönlichkeiten mit dem Lorbeerkranz geehrt.

Die selbst gestaltete Eingangstür

In dieses Haus war ich das erste Mal zu einem zweistündigen Termin für eine energetische Hausreinigung im Wohnbereich gerufen worden. Meine spirituelle Kundin war mit dem Unterrichtsraum für ihre Schülerinnen in ihr ehemaliges Wohnzimmer umgesiedelt. Nun hatte sie sich gewünscht, dass die Energie geklärt und gereinigt würde. Zudem hatte sie mit dem Umbau im hinteren Bereich des Hauses im letzten Jahr viel Ärger gehabt. Nichts hatte wirklich klappen wollen, und so war die gesamte Bauphase zum totalen Stress geworden. Den hatte meine Kundin nun auch körperlich sehr stark gespürt.

An diesem Tag hatte ich die Energien im ehemaligen Meditationsraum geräuchert. Hier hatte nun an der hinteren Wand ein Bett gestanden. Das obere Stockwerk des Hauses war noch in Arbeit gewesen, sodass meine Kundin sich ganz im unteren Bereich zum Wohnen, Arbeiten und Schlafen eingerichtet hatte.

Es gab einen Wintergarten, der einen großzügigen Blick in den Garten ermöglichte. Dort wurde jedoch schon oftmals versucht, einzubrechen. Der durch den Wintergarten entstandene Raum hatte früher zum Außenbereich gehört, und meiner Wahrnehmung vertrauend, hatte ich gespürt, dass er damals als Unterschlupf für Obdachlose gedient hatte. Ich hatte über das Räuchern und ein gesungenes Mantra den Innen- und Außenbereich vereint und meine Kundin gebeten, sich auf die Schwelle zum Wintergarten zu stellen. Dann hatte ich mit ihr ein Ritual durchgeführt, indem sie sich im ganzen Wohnraum energetisch ausgebreitet hatte. Somit waren alle Bereiche miteinander verbunden gewesen.

Nun hatte ich mich noch in den Eingangsbereich hineinspüren sollen. Ja, die Tür hatte leidend zu mir gesprochen. Sie war während der Umbauphase versetzt worden und war noch gar nicht im Fluss gewesen. Und das, wo sie doch so wunderschön war. Aus hellem Eichenholz hergestellt, mit zwei Scheiben, die in Form von Regentropfen eingesetzt waren, und mit einem großen Türgriff. Meine Kundin hatte sie selbst

entworfen. Doch hier hatte es ein Problem gegeben. Die Tür war nicht korrekt eingebaut worden. Nun hatte sie sich nur mit einem kräftigen Ruck öffnen und schließen lassen. Ich hatte erfahren, dass es dazu ganze Ordner voll mit Unterlagen von den Anwälten meiner Kundin und denen der Gegenseite gab. Das hatte den Eingangsbereich natürlich geschwächt.

Und damit ging es nun auch gleich weiter bei unserem zweiten Termin. Selbst energetisch tätig, hatte sich meine Kundin bereits nach einer Woche gemeldet, um noch einen weiteren Termin zu vereinbaren. Sie hatte die positive Veränderung in ihrem Wohnbereich erlebt, und nun sollte die Energie auch im oberen Bereich des Hauses sowie im Keller frei für einen Neuanfang werden. Zuvor hatte in dem Haus ein alleinstehender Prediger für circa dreißig Jahre gelebt. Meine Kundin lebte selbst bereits zwanzig Jahre in dem Haus. Anfangs mit ihrem Ehemann, dann als alleinerziehende Mutter mit ihrem Sohn, und nun, nach seinem Auszug, wollte sie erst mal die Zeit alleine genießen.

Um nun auch dem Gerichtsstreit ein Ende zu setzen, nahm sie zwei gut gefüllte Ordner aus dem Schrank. Ich legte ein Lorbeerblatt auf meine heiße Räucherkohle, das Kraut für Sieg und Frieden. Der Rauch zog in die Unterlagen und sollte Gutes und Versöhnliches für den anstehenden Gerichtstermin bringen. Meine Kundin strahlte Ruhe, Kraft und Zuversicht aus.

Der gut sortierte und aufgeräumte Keller, der als Waschküche diente, war schnell gereinigt. Hier durfte der Bernstein wieder einmal seine guten Dienste zur Verfügung stellen. Der Sonnenstein, der reinigt, Schutz aufbaut und sogleich die Wurzeln stärkt.

Meine Kundin machte mich noch auf den Stromkasten aufmerksam. Hier war auch der Telefon- und Internetanschluss angebracht. Sie machte sich Sorgen wegen der Strahlen. Ich reinigte ihn mit Beifuß, der besonders bei Elektrosmog zu räuchern ist, und empfahl, hier ein Symbol gegen Störungsfelder anzubringen. Auch einen Rosenquarz kann man überall dort hinlegen, wo Elektrosmog zu vermuten ist: beim schnurlosen Telefon, Computer, Drucker und Modem. Wichtig ist nur, dass er immer wieder gereinigt und im Mondlicht aufgeladen wird.

Die Treppen vom Kellerraum hoch in den Flur und von dort hinauf zur kleinen Ferienwohnung erwiesen sich als besonders verdichtet. Hier verlor sogar ich kurz meine Stabilität, was mir zeigte, wie hartnäckig diese Energien hier nach über fünfzig Jahren waren. Ich ließ ein Mantra aus mir heraustönen, das bekannt dafür ist, von der Dunkelheit ins Licht zu führen. Die Räucherung mit dem **WEIHRAUCH** dauerte eine Zeit lang an, bis endgültig alle bisherigen Stimmungen transformiert waren.

Plötzlich schoss mir ein Gedanke in den Geist. Meine Kundin klagte besonders über Rückenschmerzen. Ich sagte zu ihr: »Die Treppe steht stellvertretend für deine Wirbelsäule.« Daraufhin zählte sie die Stufen,

und es waren genau vierundzwanzig! Jede Stufe symbolisierte einen Wirbel. Wir schauten uns mit großem Erstaunen an, und ich empfing daraufhin die Idee, auf die Rückseite der Treppe, die zum Keller hinabführte, die Chakras des Menschen zu zeichnen. Ich hatte im oberen Zimmer eine Staffelei mit Farben gesehen und nahm an, dass die herzliche Frau des Hauses damit viel Schönes gestaltete. Ihr Gesicht strahlte, und eine großartige Idee war geboren und würde bestimmt bald umgesetzt werden.

Nachdem ich den Raum des ausgezogenen Sohnes gründlich gereinigt hatte, ging ich weiter hinauf in die Ferienwohnung. Hier schliefen unter der Woche abwechselnd verschiedene Monteure. Meine Kundin wünschte sich jedoch, in baldiger Zukunft eine Mitbewohnerin zu finden, die gut zu ihr passte. Die Wohnung war klein und mit viel Liebe eingerichtet. Auch hier führte noch mal eine Treppe in den Schlafbereich, in dem mehrere Holzbalken das Dach stützten. Holz nimmt besonders gut Fremdenergien auf und speichert sie intensiv, sodass ich hier wieder verstärkt mit dem Weihrauch räuchern musste. Dazu kam noch, dass die Energie immer nach oben steigt. Die Räucherung nahm noch eine zusätzliche Stunde in Anspruch. Erst dann konnte ich die energetische Reinigung mit gutem Gewissen abschließen.

Meine Kundin nahm den Topf mit all den Rückständen aus der Räucherung, ging in den Garten und führte das Ritual zur Wandlung der alten Energien durch. Dabei übergab sie die vorher entnommene Erde wieder an Mutter Erde zurück, bat um Transformation und ließ alles Alte los. Glücklich reichte sie mir den Topf und dankte von ganzem Herzen.

Weihrauch *Boswellia*

SAMMELORT:
Das Harz stammt von dem kleinwüchsigen Weihrauchbaum, der besonders in trockenen und steinigen Gebieten wächst. Er ist in den Wüsten und Bergen von Indien oder auch in afrikanischen Regionen zu finden.

SAMMELZEIT:
Damit der Weihrauchbaum sein Harz abgeben kann, wird die Rinde angeritzt – es kann ganzjährig gesammelt werden, bevorzugt jedoch in den Sommermonaten, da es dann flüssiger ist. Bei uns ist der Weihrauch gut über den Fachhandel zu beziehen. Beliebt sind vor allem Sorten, bei denen dem Weihrauch noch eine weitere Note in Form von Aromaöl oder Blütenteilen hinzugegeben wird, z. B. der Rosenweihrauch.

WIRKUNG BEIM RÄUCHERN:
Der Weihrauch sendet eine hoch schwingende Information aus und verbindet dadurch die Materie mit der spirituellen Welt. In katholischen Kirchen sieht man oft, dass Weihrauch in einem Rauchgefäß geschwenkt wird. Der Rauch gilt als Duft der Götter und kann sehr gut in Räumen zum Einsatz kommen, in denen meditiert wird. Er hat eine starke Reinigungskraft. Doch Vorsicht, der Qualm kann auch zu Husten und Heiserkeit führen. Hier gilt: Weniger ist manchmal mehr.

ÜBRIGENS:
Der Weihrauch steht für das Männliche. Er lässt sich gut mit einem Räucherstoff kombinieren, der das Weibliche verkörpert, z. B. mit der Myrrhe. Weihrauch steht für das Wissende, die Myrrhe verhilft zum Öffnen und Durchdringen der Materie. Im Evangelium wird berichtet, dass die Heiligen Drei Könige als Geschenke Weihrauch und Myrrhe für das neugeborene Kind mitbrachten.

Die ungeborene Zwillingsseele

Gegen Ende des Jahres bekam ich einen Anruf von einer Kundin, bei der ich vor drei Jahren eine energetische Hausreinigung durchgeführt hatte. Damals hatte gerade der Einzug in das elterliche Haus angestanden, da ihre Mutter in ein Pflegeheim umzogen war und meine Kundin das Haus übernommen hatte. Ich erinnerte mich noch gut an die Energie in dem Haus. Wir hatten den Schwerpunkt der Räucherung auf das Zimmer der Mutter gelegt, in dem sie lange Zeit gepflegt worden war und in dem meine Kundin ihr Schlafzimmer hatte einrichten wollen. Genauso hatten wir die vorher gelebten Energien aus den Kindheitstagen, die etwas bedrückend gewirkt hatten, aus dem ehemaligen Kinderzimmer geräuchert und neue, förderliche Informationen mithilfe der Heilkräuter ausgesendet.

Nun ging es um den Keller des Hauses. Ich hatte ihn sofort wieder vor Augen. Das ganze Haus war unterkellert, und somit waren es noch einmal hundert Quadratmeter, die wir beim ersten Termin aus zeitlichen Gründen nicht mit ausgeräuchert hatten.

»Seit einigen Tagen höre ich die Tür zur Waschküche knarren«, hatte ich meine aufgeregte und leicht verängstigte Kundin vor ein paar Tagen am Telefon sagen gehört. Seitdem traute sie sich nicht mehr in den Keller. Dazu kam, dass der Vater damals auf der Kellertreppe gefallen war und schwer verletzt am Fuß der Treppe, vor der Kellertür, gelegen hatte, bevor der Krankenwagen gekommen war. Auch meine Kundin stolperte ständig an dieser Stelle. Ich hatte meiner Kundin ein paar beruhigende Worte gesagt und ihr ein paar Hinweise und Tipps gegeben, wie sie sich bis zu meinem Besuch verhalten konnte. Nach dem Telefonat hatte ich gespürt, wie geschwächt auch meine Energie war, und als der Termin anstand, spürte ich auf der Fahrt dorthin ein leichtes Unbehagen. Ich spüre die Energien und Informationen meist schon vorher, und nicht alle Energien sind freundlich, manche lehnen sich sogar auf. Ich spürte intuitiv, dass ich für diesen Termin eine besonders gute Stabilität benötigen würde, und sprach mir selbst Mut zu: »Okay, ich bin bereit«.

Meine Kundin empfing mich mit zwei Chihuahuas auf dem Arm. Sie erzählte mir, dass sich das Haus nach der ersten energetischen Hausreinigung wirklich frei anfühlte und sie mit ihrem Einzug tatsächlich in ihrem Zuhause angekommen war. Das freute mich natürlich sehr.

Ich sortierte meine Kräuter, Harze und Hölzer und zündete die erste Kohle an. Ich hatte mich hier für den schwarzen Weihrauch entschieden. Er wird besonders zur Reinigung von negativen Energien eingesetzt und unterstützt bei der Räucherung das Auflösen, die Austreibung sowie das Loslassen.

Dann führte mich meine Kundin die Kellertreppe hinab. Sie wollte gerne anwesend sein, wenn ich räucherte. Doch als ich in dem Waschkeller stand, war mir klar, dass ich hier alleine wirken musste. Und so schloss ich meiner Intuition folgend die knarrende Tür und nahm Kontakt mit der dort herrschenden Energie auf. Plötzlich hörte ich ein lautes Geräusch hinter mir. Oh weh, das ganze Gefäß mit dem schwarzen Weihrauch war umgekippt, und das Harz lag überall auf dem Boden verstreut. Da hatte sich wohl jemand einen Scherz erlaubt, und so machte ich mich daran, alles aufzusammeln und zu räuchern. Glücklicherweise war es eine freundliche Energie, die mit dem Unfug nur auf sich aufmerksam machen wollte.

Der ganze Raum stand im Nebel des Rauches, und ich wollte den schwarzen Weihrauch erst mal wirken lassen. Die Dame des Hauses wartete ganz aufgeregt vor der Tür, sie hatte die Geräusche gehört. Ich konnte sie beruhigen, hier war etwas Freundliches am Wirken. Und es sollte sich auch gleich herausstellen, ob es nun gehen konnte. Doch diese Entscheidung lag nicht bei mir.

Der Nebenraum war mit alten Möbeln aus dem Kinderzimmer meiner Kundin ausgestattet. Sie nahm auf ihrem Schlafsofa aus Jugendzeiten Platz. Dann erzählte sie mir von einer Vereinbarung mit ihrer Zwillingsseele. Sie selbst hatte hier auf Erden inkarnieren wollen, doch die andere Seele war nicht bereit gewesen, geboren zu werden. So hatten die beiden entschieden, dass die andere Seele nicht in einem Körper inkarnieren, jedoch die ganze Zeit an der Seite ihrer Zwillingsseele sein würde. Ihre Anwesenheit spürte meine Kundin auch ganz deutlich. Nun war sie vor einigen Wochen bei einer Geistheilerin gewesen, die diese nicht geborene Seele wieder in das Licht führen sollte. Ich fragte meine Kundin, ob sie eine große Leere spüren würde. Sie ver-

neinte. Dann fragte ich nach, ob sie damit einverstanden sei, die Vereinbarung aufzulösen – doch auch diese Frage beantwortete sie mit einem Nein. Ich spürte, dass sie noch nicht bereit dazu war, und ich konnte anhand der Ereignisse erahnen, was sich hier abspielte. Es lag wirklich nicht in meiner Macht, hier etwas zu trennen, was vor langer Zeit ausgehandelt worden war.

Nach einem klärenden Gespräch mit meiner Kundin konnten wir für sie erst mal eine gute Lösung finden. Und wenn in Zukunft die wirkliche Bereitschaft vorhanden sein würde, den Weg hier auf Erden alleine weiterzugehen, dann würde sich der Weg ins Licht für die ungeborene Seele finden.

So kümmerte ich mich noch um die anderen Kellerräume und besonders um die Kellertreppe, auf der der Vater vor vielen Jahren unglücklich gefallen war. Auch hier war es besonders wichtig, mithilfe der Kräuterräucherungen die Energien ins Positive zu wandeln.

Zum Abschluss war noch Zeit für eine Aura-Reinigung meiner Kundin. Ich stabilisierte und stärkte sie mit den heilsamen Informationen der **EICHENRINDE.**

So ging wieder mal ein Termin zu Ende, auf den ich mich nicht hätte vorbereiten können. Ich sah in zuversichtliche Augen, spürte, dass meine Aufgabe vollbracht war, und verabschiedete mich.

Eichenrinde

Quercus

SAMMELORT:
Die Eiche wächst bevorzugt in Mischwäldern in Nordamerika, Europa und Asien. Sie gilt bei uns als Symbol der Stabilität. Je älter der Baum ist, desto rissiger und rauer ist die Rinde.

SAMMELZEIT:
Die Rinde wird von März bis Mai gesammelt, bevor der Baum seine Energie für das neue Aufblühen benötigt. Im Sommer wird die Rinde durch die Hitze trocken und zerbröselt leicht.

WIRKUNG BEIM RÄUCHERN:
Der Stamm der Eiche kann einen Durchmesser von bis zu drei Metern erreichen und die Eiche bis zu achthundert Jahre alt werden. Daher steht die Eiche beim Räuchern auch für Stabilität, Durchhaltekraft und ein langes Leben. Sie sendet zudem Erdverbundenheit aus, klärt die Gedanken und verhilft uns zu realistischen Betrachtungen. Die Eiche wirkt unterstützend auf unseren Erfolg und Ruhm in geschäftlichen Beziehungen. Sie gibt uns einen starken Charakter sowie einen Sinn für Gerechtigkeit.

ÜBRIGENS:
Für das Räuchern kann die Rinde mit dem Laub der Eiche vermischt werden. Sie ist besonders gut zu räuchern in Büroräumen oder dort, wo die Stabilität gefestigt werden darf und hilft so z. B. auch Menschen, die eher träumerisch und labil in ihrem Handeln wirken. Kurz gesagt: Dort, wo Erdung und Kraft wichtig sind, eignet sich die Räucherung der Eichenrinde.

Ein guter Anfang
für die neue Liebe

Diesen Kunden habe ich bei einer energetischen Hausreinigung in einer alten Stadtvilla kennengelernt. Er hatte sie verkauft und holte noch einige private Gegenstände aus dem sonst schon leer stehenden Haus, das ich gerade für die neuen Hausbesitzer ausräucherte. Als er sein ehemaliges Heim betrat, spürte er die positive Veränderung sofort – er erkannte es kaum wieder und buchte direkt einen Termin für eine energetische Hausreinigung in seiner neuen Wohnung bei mir.

Auch wenn die Stadtvilla ein großer Traum gewesen war, so hatte sie doch nicht dazu beigetragen, das Eheglück meines Kunden ewig zu erhalten. Nach der Trennung von seiner Frau, nach fünfzehn Jahren Ehe, hatte mein Kunde noch zwei Jahre mit dem gemeinsamen Sohn dort gelebt und war nun doch in eine Vier-Zimmer-Wohnung gezogen.

Auf der Fahrt zu meinem Termin ließ ich mir noch einmal alle bereits genannten Angaben zu der Wohnung durch den Kopf gehen. In der Wohnung hatte zuvor ein Mann viele Jahre allein gelebt, nachdem sein Lebenspartner ausgezogen war. Nun wusste ich von meinem Auftraggeber, dass er dort nicht nur mit seinem vierzehnjährigen Sohn, sondern auch mit seiner neuen Freundin einziehen wollte. Die vorher gelebte Energie würde jedoch kaum damit in Resonanz schwingen.

Ich hatte alle Kräuter und Hilfsmittel mit, um die Energie umzuwandeln. Die Freundin kam aus einem fernen Land und war erst vor ein paar Tagen angereist. Ich fand es sehr gut, dass sie bei der Reinigung für den neuen Anfang dabei war, und hatte mir auch schon ein gemeinsames Ritual für die neue Liebe und einen guten Anfang in dem neuen Heim überlegt.

Ich wurde von einem verliebten Paar begrüßt. So sehr die beiden auf den Wolken schwebten, so dringend war in dieser Wohnung eine energetische Reinigung nötig. Mich umgab eine Enge und Schwere, und ich fing sofort an, meine Koffer zu öffnen und die Kräuter auszuwählen. In der Zwischenzeit holten die beiden Verliebten frische Erde aus dem nahe gelegenen Park. Zum Verräuchern der Kräuter sollte sie in ein Tongefäß kommen. Als ich auf ihr Türklingeln hin öffnete, fiel mein Blick auf eine Fußmatte. Ich fragte, ob die Matte bereits vom Vormieter genutzt worden sei. Dies war der Fall, und so durfte sie gleich entsorgt werden. Wenn eine Wohnung gereinigt ist, ist es wichtig, nichts Altes mehr über die Schuhsohlen hineinzutragen.

Meine Intuition riet mir, im hinteren Bereich der Wohnung anzufangen und mich mit der Räucherung nach vorne zu bewegen. So gingen wir alle gemeinsam in das Schlafzimmer. Hier war auch gleichzeitig der Arbeitsplatz meines Kunden, der in Selbstständigkeit vor Ort arbeiten wollte. Der ganze Raum war vollgestellt mit Möbeln, und der Fluss kam hier nicht in Schwung. Alles war am falschen Platz. Nach einer Austestung mit meiner Einhandrute und dem Übereinkommen, dass der Arbeitsplatz nicht im Schlafzimmer sein sollte, fanden wir eine neue Anordnung, und das Zimmer konnte wieder atmen.

Das Nebenzimmer gehörte dem Sohn, und ich erfuhr, dass er hier bisher sehr schlecht geschlafen hatte. Auch hier war die Anordnung der Möbel nicht von Vorteil. Zudem hatte der ehemalige Mieter nach der Trennung von seinem Freund hier geschlafen. Trauer und Schwere verdichteten den sonst hellen Raum. Zum Öffnen und Reinigen der

emotionalen Energien nahm ich Beifuß und legte noch etwas Fichtenharz dazu. Nachdem ich den Raum bei geschlossenem Fenster und verschlossener Tür für fünfzehn Minuten arbeiten gelassen hatte, betrat ich den nun gereinigten Raum, spürte hinein, um dann festzustellen, dass er noch etwas brauchte. Sofort kam mir Johanniskraut in den Sinn. Es wirkt stimmungsaufhellend, schenkt Leichtigkeit und vertreibt die negativen Energien. Nun hatte der Raum alles, was er brauchte.

Der lange Flur mit der hohen Decke benötigte ebenfalls eine kraftvolle Reinigung, und ich wählte hier noch einmal den Beifuß. Er sollte die Störungsenergien fortnehmen und zugleich einen hohen Segen abgeben – ideal, um alles Alte zu reinigen.

Schon beim Betreten der Wohnung hatte ich wahrgenommen, dass die beiden vorderen Räume nicht so genutzt wurden, wie es ursprünglich der Fall gewesen war – die Küche schien am falschen Platz zu sein. Mein Kunde bestätigte mir, dass es zuvor zwei Wohnungen gewesen waren, die vor Jahren zu einer großen umgebaut worden waren. Wände waren versetzt und neue gezogen worden. Dadurch war hier die

Energie spürbar blockiert. Die Küche bekam nun den Tisch, der zuvor als Arbeitsplatz im Schlafzimmer gedient hatte, der Esszimmertisch aus massivem Holz kam an die Wand mit der Fensternische und sollte als Büro dienen, und das Wohnzimmer kam in den Raum, in dem eigentlich das Esszimmer vorgesehen gewesen war. Gut, dass mein Kunde erst vor zwei Wochen eingezogen und offen für Veränderungen war. Es war hier wirklich zu spüren, dass er alles einfach nur schnell an einen Platz gestellt hatte, und das bestätigte er mir dann auch.

Ich war mit meiner Räucherschale im vorderen Zimmer. Dort, wo die Nische mit drei schmalen, hohen Fenstern den Bereich freundlich erhellte. Hier standen Umzugskartons, die noch geleert werden wollten. Davor stand ein antiker Stuhl, das Stuhlkissen gepolstert mit einem altrosafarbenen Samtbezug. Ein wunderschönes Stück. Während ich den Raum mit Weihrauch reinigte, überkam mich eine tiefe Traurigkeit, die von dem Stuhl ausging. Auf meine Nachfrage hin erfuhr ich, dass die Noch-Ehefrau diesen Stuhl restauriert hatte und es eigentlich ihrer war. Was machte dieser Stuhl noch hier?

Damit dem jungen Glück nun wirklich nichts im Weg stand, kam nicht nur der Stuhl weg, sondern ich bereitete auch alles für ein Trennungsritual vor. Die Ehefrau hatte noch nicht losgelassen, und so unterstützte ich den Prozess mit meiner Arbeit. Stellvertretend, wie bei einer Familienaufstellung, schlüpfte ich in ihre Rolle. So konnte eine versöhnliche Aussprache stattfinden und über das entzündete Feuer einer Kerze eine Loslösung geschehen.

Abschließend durfte ich das neue Liebesglück noch durch eine Räucherung segnen. Beide nahmen sich bei den Händen, und über das Abräuchern der Fußsohlen konnte ich erst mal den Weg frei machen. Dann kamen noch die lieblichen **ROSENBLÄTTER** zum Einsatz. Aufgeregt und strahlend wurde ich gefragt, ob sie nun verheiratet worden waren. Sie fühlten sich so, als seien sie gerade getraut worden.

Welch ein Glück, dass mein Kunde damals »zufällig« noch einmal in sein altes Haus gekommen war, als ich dort für eine energetische Hausreinigung gewesen war. Denn nun war in der neuen Wohnung alles frei für seine neue Liebe.

Rose *Rosa*

SAMMELORT:
Die Rose sollte einen zarten Duft aussenden und nicht gespritzt sein. Sie könnte im eigenen Garten gepflanzt werden. Wer keinen besitzt, kann auch auf gekaufte Rosenblätter in getrocknetem Zustand zurückgreifen. Bitte die Bio-Variante wählen oder Rosenknospen, die für die Räucherung zum Verkauf angeboten werden.

SAMMELZEIT:
Die Rose blüht von Juni bis August, und ihre Blüten sollten kurz nach dem Aufblühen zum Trocknen an einem schattigen Ort aufgehängt werden. Es können auch die Knospen gesammelt werden.

WIRKUNG BEIM RÄUCHERN:
Die Rose steht für Liebe und sollte bei keiner Liebesräucherung fehlen. Sie öffnet das Herz und schafft Verbindungen. Sie stärkt die Harmonie, gibt Kraft und segnet unsere Wohnräume mit viel Liebe.

ÜBRIGENS:
Rosen besitzen die höchste und feinste Schwingung aller Blumen. Sie kommt ursprünglich aus Persien. Es gibt über hundert Rosenarten in verschiedensten Formen und Farben. Die Rose hat viele Heileigenschaften und wird bevorzugt in der Naturkosmetik eingesetzt. Und auch zur Hochzeit oder zur Geburt ist sie ein beliebtes Geschenk.

Das *selbst gemalte Bild* der großen Schwester

Nach einem Termin im hohen Norden fuhr ich zu einem Besuch bei meiner langjährigen Freundin, die nicht weit von dort entfernt wohnte. Seit fünfundzwanzig Jahren haben wir Kontakt und besuchen uns mindestens zweimal im Jahr. In großer Vorfreude auf das gemeinsame Wochenende fuhr ich Richtung Autobahn. Im Gepäck ein kleines Geschenk und natürlich all meine Kräuter, Harze und Hölzer. Zum Glück, denn hier passierte etwas Ungeplantes.

Nach einer freudigen Begrüßung kamen wir recht schnell auf das gesundheitliche Wohl meiner Freundin zu sprechen. Ich spürte, dass hier etwas in der Luft lag, und so bot ich an, an diesem Wochenende eine Reinigung durchzuführen. Zuerst wollte sich nicht so recht der passende Zeitpunkt finden lassen. Lange Gespräche und Spaziergänge nahmen viel Zeit in Anspruch. Auch war ich noch von meinem Termin am Vortag energetisch erschöpft, und so fixierte ich den nächsten Vormittag für die Räucherung.

Ich hatte für die kleine Vierzig-Quadratmeter-Wohnung eine gute Stunde eingeplant. Doch wie so oft zeigte sich erst währenddessen, wie intensiv die Räucherung durchgeführt werden sollte. Hinzu kam, dass ich mich in der Wohnung bereits viele Stunden aufgehalten hatte und nicht mehr ganz neutral war. Das erforderte meine ganze Aufmerksamkeit.

Ich fing im Wohnzimmer mit meiner Lieblingsräuchermischung aus **LAVENDEL,** Beifuß und Fichtenharz an. Sie sollte den Raum reinigen und öffnen. Gleichzeitig öffnete sie auch das Herz meiner Freundin, denn als ich ausgiebig das Bild räucherte, das über dem Sofa hing, berichtete sie mir mit Tränen in den Augen, dass sie das Bild nicht mochte. Ihre Schwester hatte es gemalt und ihr vor langer Zeit einmal zum Geburtstag geschenkt. Der Kontakt zu der größeren Schwester war schon immer ein wenig schwierig gewesen. Nach einem weiteren schmerzvollen Vorfall hatte sich meine Freundin entschieden, ihre Schwester ganz loszulassen und sie aus ihrem Leben zu verabschieden. Entschlossen nahm sie das Bild nun von der Wand. Statt der Schwere machte sich direkt eine Leichtigkeit bemerkbar. So verließen wir erst mal gemeinsam den Raum und gingen in das schmale Schlafzimmer. Des Öfteren übernachteten hier alte Freunde und Freundinnen, die gerne zu Besuch kamen und die Gastfreundlichkeit zu schätzen wussten.

Da meine Freundin jedoch sehr feinfühlig für alle Energien war und diese auch gerne mal mittrug, ließ ich ihr etwas von meiner Mischung da, damit sie nach dem nächsten Übernachtungsbesuch selbst die Energien wieder klären konnte. Dann würde sie unbeschadet in ihrem Schlafzimmer schlafen können und weniger von Schlafstörungen geplagt werden. Genauso würde sie keine Fremdenergien auf körperlicher, emotionaler und mentaler Ebene übernehmen.

Vom Schlafraum führte eine Treppe in den Keller. Früher war das Haus ein Ganzes, heute hatten drei Wohnungen darin Platz. Die Kellertreppe war oft von der alten Dame benutzt worden, der das Haus damals gehört hatte. Auch hier fächelte ich den Rauch kraftvoll mit meiner Feder die Treppe hinab. Hinuntersteigen konnte ich nicht, die Tür ließ sich nur einen Spalt weit öffnen. Der Einbauschrank versperrte den Zugang, sodass es ausreichen musste, durch den Spalt zu arbeiten. Ich unterstützte die Räucherung mit dem Gesang eines Mantras, das alle vorher gelebten Energien transformieren sollte. Der kleine Raum stand nun vollkommen in Rauch, und so schlossen wir die Tür, damit die Kräuter weiter ihre Informationen aussenden konnten.

Nachdem ich den emotional aufgeladenen Bereich um den Küchentisch, an dem die meisten Gespräche stattfanden, frei gemacht hatte, räucherte ich den Eingangsbereich und den Aufgang zur Küche. Doch irgendetwas war im Wohnzimmer noch nicht vollständig. Nur was? Ich bat meine Freundin, sich auf das Sofa zu setzen. Mit meiner Klangschale setzte ich mich auf den Boden zu ihren Füßen und schloss die Augen. Ich empfing: »Es bedarf noch Heilung. Heilung für das Herz meiner Freundin.«

So ließ ich den Klang der Schale durch den Raum schwingen, direkt in ihr Herz hinein. Die ersten Tränen liefen ihr über die Wangen, und der verzweifelte Ausruf »Schwester, was willst du noch von mir!« erfüllte den Raum. Ich übernahm die Führung der Heilung und ließ meine Freundin Sätze nachsprechen, die ich intuitiv empfing. Das bewirkte eine Freisetzung ihres Herzens von alten schmerzvollen Erinnerungen. Nun war ein wirkliches Verabschieden von der Ursprungsfamilie möglich, und ihr Herz war offen für einen liebevollen Neuanfang. Die Erleichterung war sichtbar. Meine Freundin strahlte, und ihr Gesicht war entspannt und wirkte um Jahre jünger. Ein herzliches Lachen ertönte aus ihr heraus, und sie umarmte mich dankbar.

Als ich mich zu ihr auf das Sofa setzte, bemerkte ich immer wieder aufleuchtende Lichter an der Wand. Dort hing ein Bilderrahmen mit einem Foto des Enkels, und jedes Mal, wenn ein Auto die Straße entlang fuhr, warfen die Scheinwerfer ein unruhiges Licht auf den kleinen Jungen. Meine Freundin fand sofort einen ruhigen Platz, und von dort lächelte der Kleine in die Wohnküche hinein.

Wir verließen die Wohnung und machten einen reinigenden Spaziergang am Strand. Dann rief mich wieder mein Zuhause, und wir verabschiedeten uns bis zum nächsten Wiedersehen. Schon am Tag darauf bekam ich eine Nachricht. »Ich habe so gut geschlafen!«

Lavendel

Lavandula angustifolia

SAMMELORT:

Die Lavendelfelder strahlen im violetten Licht, und die langen Stiele schwingen hell und hoch. Lavendel nehmen wir meist schon an seinem unverkennbaren Geruch wahr, bevor wir seine Schönheit mit den Augen erblicken. Häufig wird er im Kräuterbeet an einer sonnigen Stelle eingepflanzt. Die bekannten großen Felder finden wir in mediterranen Gegenden, z. B. in der Provence.

SAMMELZEIT:

Die Blüten werden im Juli und August gesammelt – gut zu ernten sind sie an einem sonnigen, warmen Vormittag, wenn der Mond in einem Luftzeichen steht.

WIRKUNG BEIM RÄUCHERN:

Zum Räuchern verwendet man die Blüten. Der Lavendel hat eine beruhigende und reinigende Wirkung. Zudem wirkt er desinfizierend, was ihn besonders beliebt zur Reinigung von Krankenzimmern macht. Er eignet sich durch seine hohe und klare Schwingung für die Räucherung von Kinderzimmern und hinterlässt einen wohltuenden Geruch. Lavendel schützt uns vor unangenehmen Energien und umgibt uns mit einem blauen Lichtmantel.

ÜBRIGENS:

Wir kennen Lavendel meist in einem kleinen Säckchen in unserem Schrank zwischen der Wäsche, denn sein Geruch soll Motten und anderes Ungeziefer fernhalten. Doch der Lavendel besitzt zudem die Gabe, mehr Romantik in eine bestehende Partnerschaft zu bringen, und man sagt ihm nach, er könne nach einer Trennung eine neue Liebe ins Leben rufen.

Das leer stehende *Haus*

Aus dem CD-Player meines Autoradios erklangen buddhistische Geschichten. Ich genoss die lange Autofahrt, und da ich selbst wenig Zeit zum Lesen hatte, hatte ich mir einige Hörbucher gekauft. Nach einigen Stunden Autofahrt stellte ich mein Radio aus, parkte vor einem Haus und blickte auf eine Eingangstür, rundherum bewachsen mit zarten Blütenzweigen.

Hier wartete etwas ganz Neues auf mich. Die meisten Häuser und Wohnungen, die ich bisher energetisch gereinigt hatte, waren bereits von meinen Kunden bewohnt und die Zimmer mit Gegenständen gefüllt gewesen. Doch an diesem Tag kam ich in ein Haus, das seit zwei Jahren leer stand. Dazu kam, dass es eine lange Geschichte hatte.

Als ich ankam, saß eine fröhlich bunt gekleidete Frau auf den Stufen vor der Eingangstür und genoss die Sonnenstrahlen. Meine Kundin wohnte zurzeit noch mit ihrem Mann und ihrer Tochter im Osten von Deutschland. Auf Wunsch der Tochter stand nun in den kommenden Monaten der Umzug in den Süden an. Das Haus war viele Jahre vermietet gewesen, bevor sich die Besitzer dazu entschieden hatten, zurückzukommen. Früher hatten sie selbst schon einige Jahre in dem Haus gewohnt. Es stand in einer großen Wohnsiedlung, gebaut in den Neunzigern. Für den lebendigen Freigeist meiner Kundin war das jedoch ein wenig zu eng und zu starr. Da bot sich damals der Osten für eine Veränderung an.

Ich konnte wahrnehmen, dass die Freude der Frau auf das Haus eher mäßig ausfiel. Alles sollte verändert werden, und auch der Nachbar gegenüber störte irgendwie. Okay, hier durfte auch am Fokus der Aufmerksamkeit etwas geändert werden. Mein Blick fiel auf einen wunderschönen Kirschbaum im Garten, und ich teilte meine Freude darüber mit ihr. Daraufhin erwähnte meine Kundin, dass er krank sei. Nun gut, ich wusste, dass sie selbst als Qigong-Lehrerin ausgebildet war, und empfahl ihr, mit dem Baum Kontakt aufzunehmen, ihm Heilenergie zu übertragen und auch mit den Klängen eines Heilmantras zu arbeiten.

Es gab noch einen weiteren Baum in dem großräumigen Garten. Dieser stand direkt an der Holzterrasse und sollte in Zukunft als Meditationsplatz zur Erdung der Kundin dienen. Ihre Idee, die Terrasse in einen Wintergarten umzubauen, fand ich großartig, und ich warf noch ein, dass dort auch der Qigong-Unterricht zukünftig stattfinden könne. Ich sah ein noch unsicheres Lächeln und hörte Argumente, die dagegen sprechen sollten.

Dann kamen wir in das Innere des Hauses. Die Treppe war mit bunten Teppichen ausgelegt, und hier und dort sah ich noch Buntes an Türen oder im Bad, was noch aus der Zeit übrig geblieben war, als die Familie damals in dem Haus lebte. Ansonsten war das ganze Haus leer. So konnte ich mich beim Räuchern frei bewegen und musste nicht auf Hindernisse durch Möbel achten. Ich nahm im unteren Wohnbereich alle Fremdenergien mithilfe der Kräuter und dem Klang eines Mantras auf, um sie zur Transformation freizugeben. Hier, im Erdgeschoss, sollte noch alles komplett umgebaut werden, und das Haus lächelte mit freundlicher Zustimmung. So sollten mehr Licht und Geselligkeit in das Haus hineinkommen.

Als wir in der oberen Etage ankamen, setzte sich meine Kundin auf den Boden. Ich nahm ihr gegenüber Platz. Ihr Mann, der nicht dabei sein konnte, hatte eine persönliche Bitte an mich. Vor langer Zeit hatte das Ehepaar einen kleinen Jungen adoptieren wollen. Alles war vereinbart gewesen, doch kurz vor dem ersten Treffen fiel eine Entscheidung, die dagegen sprach. Tränen der alten Schmerzen liefen über die Wangen meiner Kundin. Ich hatte keine Kräuter zur Hand, und so hörte ich einfach mit meiner ganzen Aufmerksamkeit zu, berührt von der Erzählung. Der Mann hatte vor einiger Zeit einen Traum gehabt, der von dem kleinen Jungen gehandelt hatte. Er bat nun darum, die Seele des

Kleinen durch die Räucherung nicht zu entfernen. Er war auch weiterhin in der Familie willkommen, selbst wenn er an einem anderen Ort aufwuchs, und sollte seinen Platz in dem für ihn vorbestimmten Zimmer behalten, das zukünftig als Schlafzimmer für das Ehepaar dienen würde. Dieser Bitte kam ich mit großer Freude nach. Als ich kurz darauf die Kräuter für die Räucherung des Zimmers wählte, entschied ich mit für Lavendel und Copal. Diese Mischung verwende ich sehr gerne für Kinderzimmer. Sie erfüllt den Raum mit viel Frieden, Licht und Harmonie. Zudem schwingt die Energie des Lavendels hoch und ist gleichzusetzen mit der eines Kindes.

Dann ging es um die Vergabe der Räume im ersten Obergeschoss. Die Tochter hatte ihre Entscheidung bereits mitgeteilt, doch diese wurde von einer guten Bekannten infrage gestellt. Aber warum? Es war ein sonniges, schlauchförmiges Zimmer mit zwei Fenstern und einem kleinen Abstellraum. Ideal für einen Teenager. Auch der Vater hatte bereits ein Zimmer gewählt, in dem er hin und wieder von zu Hause aus arbeiten konnte. Das kleine, nach Norden zur Spielstraße raus, war da sicher eine gute Wahl für ein Home Office. Und so unterstützte ich die Entscheidung des jungen Mädchens und überzeugte auch die Mutter. Auf Wunsch des Mädchens hin wählte ich ein fruchtiges Kraut für die Räucherung in ihrem zukünftigen Zimmer. Das **GÄNSEBLÜMCHEN** passte wunderbar und hatte zudem noch die Eigenschaft, positive Energien auszusenden und anzuziehen.

Im ersten Stock, inmitten der Räume ringsherum, lag das Herzzentrum des Hauses. Ich bat die Kundin, sich dort hinzusetzen. Sie schloss die Augen. Intuitiv legte ich die stärkende Eichenrinde auf die glühende Kohle. Ich nahm ein kleines Ritual zur Verwurzelung der gesamten Familie vor. Währenddessen formulierte ich Sätze, die meine Kundin nachsprach, um dem Neuen eine positive Ausrichtung zu geben. In Dankbarkeit und mit strahlenden Augen schaute sie mich an. Ich glaubte in ihren Augen zu lesen, dass sie endlich angekommen war und das Alte loslassen konnte.

Zu guter Letzt führte noch eine Treppe in die zweite Etage. Der winzig kleine Raum war mit seinen Dachschrägen sehr gemütlich. Zwei eingebaute große Dachfenster gaben zusätzlich viel Licht. Ein wunderbarer Raum, um sich zurückzuziehen und zu musizieren. Ich wusste von der Frau, dass sie gerne das Spielen auf dem Harmonium vertiefen wollte, und wir hatten kurz zuvor über einen gemeinsamen Musiklehrer gesprochen. Und nun bot sich hier ein Tempelraum an, um zu musizieren.

Oft sehen wir das, was unmittelbar vor unseren Augen ist, nicht. Manchmal braucht es einen Menschen, der uns darauf aufmerksam macht.

Gänseblümchen

Bellis perennis

SAMMELORT:
Ursprünglich kommt die zarte Pflanze aus Südeuropa, das Gänseblümchen ist heute aber auf allen Wiesen in Deutschland zu finden. Nur allzu oft verschwindet es unter dem Rasenmäher, obwohl es doch als Tee und Tinktur heilsame Eigenschaften besitzt.

SAMMELZEIT:
Von März bis November blüht das Gänseblümchen und darf gesammelt werden.

WIRKUNG BEIM RÄUCHERN:
Das Gänseblümchen bringt uns die Leichtigkeit unserer Kindheit zurück. Das widerstandsfähige Blümchen schenkt uns beim Räuchern eine zarte Geborgenheit. Besonders zu empfehlen ist es in Kinderzimmern oder auch bei Menschen, die sich noch stark mit ihren Kindheitsthemen auseinandersetzen. Das feine Blümchen macht uns wach und neugierig. Es lässt die Räume wieder erwachen und bringt Geborgenheit in das Heim. Zudem fügt der liebliche Duft beim Räuchern noch eine Verspieltheit und Freude hinzu.

ÜBRIGENS:
Wer kennt nicht das fröhliche Gänseblümchen aus Kindheitstagen, und sobald man in einen Jungen verliebt war, hat man das Gänseblümchen-Orakel befragt, »Er liebt mich, er liebt mich nicht«, bis alle Blätter rundum abgerissen waren. Daher steht das Blümchen beim Räuchern auch immer für die Liebe zweier Menschen.

Der fröhliche Start in den Tag

Beim Anblick der Jugendstilvilla von 1900 direkt an der Spree, in die ich heute gerufen worden war, ging mir sofort das Herz auf. Das Dachgeschoss in diesem Haus war in den achtziger Jahren zu einer geräumigen Vier-Zimmer-Wohnung ausgebaut worden, und während meines Telefongesprächs mit der Mieterin hatte ich heraushören können, dass sie sich in der Wohnung eher eingesperrt als wohlfühlte.

Ich betrat einen quadratischen Flur, von dem insgesamt sechs Türen in die jeweiligen Räume führten. Vier Zimmer und jeweils eine Tür für Küche und Bad. Von der Küche aus hatte man über die großzügige Fensterfront einen Ausblick direkt auf die Spree. Hinzu kam noch ein Garten, in dem ein riesiger, sehr beeindruckender Schiffsanker lag und eine alte kraftvolle Eiche stand, die ihre Äste vor einigen Fenstern ausbreitete. Während ich mich umsah, erfuhr ich, dass es meiner Kundin seit einigen Jahren nicht gut ging. Ein Mensch, der ihr sehr nahe gestanden hatte, war gestorben. Seitdem hatte sie keine Kraft mehr für das Leben und all seine Herausforderungen. Selbst ihre Arbeit konnte sie nicht mehr ausüben, und häufig blieb sie viele Tage in der Wohnung.

Beim Rundgang durch die Wohnung fiel mir die schwere Energie im Schlafzimmer auf. Die Frau in den Vierzigern erzählte mir, dass sie hier oft mit schweren Depressionen auf dem Bett lag. Ich fing direkt im Schlafbereich an. Bei der Reinigung halfen mir hier der Beifuß und auch das Harz der Fichte. Damit war die Grundstimmung schon mal aufgelöst. Nachdem ich den Raum für fünfzehn Minuten geschlossen hatte, öffnete ich die Fenster. Im Anschluss räucherte ich in dem Zimmer noch das **JOHANNISKRAUT,** um wieder Leichtigkeit in den Schlafraum zu geben. Zusätzlich wirkte die Hagebutte für positive Energie. Dazu sang ich das Mantra:

»lo kah samas tah sukhi no bhavan tu.«
»Mögen alle Wesen auf diesem Planeten Glückseligkeit erfahren.
Mögen alle Wesen auf allen Planeten glückselig sein.«

Meine Kundin lag auf dem Bett und nahm die Stimmungen in sich auf. Die Energie im Raum wurde leichter, und sie fühlte sich besser. Hier und da gab ich einen kleinen Anstoß, um eventuelle Veränderungen im Raum vorzunehmen. Was ich jedoch ganz deutlich intuitiv spürte, war, dass sich meine Auftraggeberin nur noch zu den Schlafenszeiten in dem Raum aufhalten sollte. Ansonsten war das Schlafzimmer tabu.

Ich konnte durch einige Hinweise in der Wohnung erkennen, dass meine Kundin gerne tanzte. Auf meine Frage hin nickte sie lächelnd. Das Tanzen hielt sie am Leben. Da hatte ich eine schöne Idee. In der Wohnung konnte man in einem Kreis durch alle Zimmer gehen oder auch in einer Acht herumspazieren. Nun schlug ich ihr vor, morgens nach dem Aufstehen im Kreis durch alle Räume der Wohnung zu tanzen. Was für ein fröhlicher Start in den Tag. Das gefiel ihr gut, und das Lächeln wurde noch strahlender.

Die Räucherung im Wohnzimmer und in der angrenzenden Küche wurde durch das hereinstrahlende Sonnenlicht sowie durch die Energie der Eiche tatkräftig unterstützt. Da meine Kundin zurzeit berufsunfähig war und keine großen Einkünfte hatte, bat sie mich um eine Räucherung für ihre Finanzen. Ich stellte eine kleine Mischung aus Lorbeerblatt, Basilikum und Eichenrinde zusammen, um dann ein Ritual mit ihr durchzuführen, damit das Geld wieder in ihr Leben fließen konnte.

Bei der Reinigung im Flur fiel mein Blick auf ein Bild über der Kommode. Ein Leuchtturm – es kam aus Cuxhaven. Und um dem Bild wieder mehr Leuchtkraft zu geben, nahm ich einen Bernstein, auch bekannt als Sonnenstein. Es stellte sich heraus, dass die Wurzeln meiner Kundin am Wasser lagen und der Bernstein eine alte Erinnerung aus Kindheitstagen in ihr weckte. Nach der Räucherung des Bernsteins fühlte sie sich plötzlich wie verwandelt. Kraftvoll, energiegeladen und voller Tatendrang. Hier war ganz offensichtlich Heilung geschehen.

Den Raum gleich links neben dem Eingang hatte ich mir bei dieser energetischen Hausreinigung bis zum Schluss aufgehoben. Hier war eine gute Energie spürbar, auch wenn der Raum als Abstellkammer genutzt wurde, weil es keinen Keller gab. Ursprünglich hatte meine Kundin vorgehabt, den Raum kreativ zu nutzen. Sie zeichnete und bastelte gerne. Doch nun lagen all die Materialien dafür immer noch in den Schubladen und Kisten. Nur ein paar selbst gezeichnete Bilder lehnten sorgfältig gestapelt in der Ecke. Diese Bilder waren von dem Menschen gemalt worden, der so plötzlich aus ihrem Leben gerissen worden war. Meine Kundin zeigte mir einige davon und erzählte mir, dass sie schon lang vorhatte, eines der Bilder aufzuhängen. Da war es ausgesprochen und nur noch ein paar Handgriffe entfernt. Sie zeigte mir ein Bild mit einem in orangefarbener Tusche gemalten Pferd in einer wunderschönen, sinnlichen Bewegung. Rundherum sorgten

violette Blumen für einen einmaligen Kontrast, und zu den Hufen des Pferdes saß ein goldener Marienkäfer mit türkisfarbenen Punkten im Gras. Das Bild war voller Magie, und wie durch einen Zauber war es ganz leicht, es an die Wand zu hängen, und seine Mystik strahlte in den Raum ab.

Einige Momente später lagen in dem Raum, der zuvor als Abstellkammer gedient hatte, eine Yogamatte und ein Meditationskissen. So schnell konnte ich gar nicht gucken, und ich fragte lachend, woher diese Sachen nun kämen. Die Antwort war: aus dem Schlafzimmer. Ja wunderbar. Und zum Abschluss weihten wir die Matte und das Kissen gleich mit einer gemeinsamen Meditation ein. So in sich angekommen, konnte ich mich gut von meiner Kundin verabschieden.

Johanniskraut

Hypericum perforatum

SAMMELORT:

Die heimisch verbreitete Staude wächst an Wegrändern, oft erblicken wir sie mitten in lichten Gebüschen, am Rande von Weiden und auf Schutt- und Bauplätzen. Um sicher zu gehen, dass es sich um das Johanniskraut handelt, die Blüte in den Fingern zerdrücken. Tritt eine rote Flüssigkeit heraus, ist es das richtige Kraut.

SAMMELZEIT:

Je nach Blütezeit zwischen Juni und August. Der ideale Zeitpunkt ist die Sommersonnenwende, dann trägt die Blüte das meiste Licht in sich.

WIRKUNG BEIM RÄUCHERN:

Zum Räuchern verwendet man die getrockneten Blüten. Sie wirken stimmungsaufhellend und bringen wieder Licht in unsere Wohnräume. Durch das Verräuchern lässt sich auch die emotionale Atmosphäre in Therapieräumen klären. Genauso transformiert es hohe elektromagnetische Spannung. Auch bei Liebeskummer, allgemeiner Schwere und nervlichen Belastungen wirkt es belebend. Zu früheren Zeiten hängten die Menschen Johanniskraut in ihre Fenster, um böse Geister abzuwehren. So bietet es beim Räuchern auch Schutz vor dunklen Energien.

ÜBRIGENS:

Das Johanniskraut wird mit der Sonne assoziiert. Es nimmt die Kraft der Sonne an den längsten Tagen auf und gibt sie in den dunkleren Zeiten wieder ab. Selbst in der heutigen Medizin findet es seinen Einsatz und erhellt depressive Gemüter. Schon Paracelsus setzte es gegen Depression und Melancholie ein.

Der Himmel hat mir
einen Engel
geschickt

Im Dezember 2016 habe ich mich getraut, in die Selbstständigkeit zu gehen und meine Bürotätigkeit in Festanstellung zu kündigen. Seitdem bin ich als Räucherfrau in Deutschland unterwegs. Es fühlt sich einfach richtig an, und ich würde auch heute nichts anders machen. Zu dieser Zeit war ein Termin für die energetische Hausreinigung in mein Leben gekommen, der mir half, weiterzumachen auf meinem Weg. Diese Geschichte erzählt davon.

Da saß ich nun als gelernte Kauffrau an meiner Einkommenssteuererklärung für das erste Jahr in Selbstständigkeit. Zahlen wirbelten in meinem Geist herum, das Auftragsbuch für die nächste Zeit war eher mäßig gefüllt. Wie leicht wäre es doch, einfach einem Bürojob nachzugehen, von den Rücklagen den lang ersehnten Traum eines eigenen Pferdes zu erfüllen und fertig! Da sagte auch noch ein Kunde den Termin für den nächsten Tag ab, und ich fing an, zu hinterfragen, ob das ein Zeichen war. Nun hatte ich am Donnerstagmorgen Zeit. Zeit, um zum Arbeitsamt zu fahren?

Alles wuchs mir über den Kopf, und ich suchte die Unterlagen meines letzten Arbeitgebers heraus. Ich konnte die Tränen kaum zurückhalten. War das wirklich das, was von mir gewünscht wurde? Der Traum, den ich vor eineinhalb Jahren zu leben begonnen hatte, schien zu platzen. Ich legte alles für den Besuch beim Amt am nächsten Tag bereit.

Doch heute hatte ich noch einen Termin für eine energetische Hausreinigung. Ich versuchte, mich auf den Termin am Nachmittag vorzubereiten, was mir nicht so leicht fiel, und tatsächlich kam kurz der Gedanke auf, den Termin abzusagen und alles hinzuschmeißen. Ich fühlte mich geschwächt – die vielen Gedanken raubten mir meine Energie. Doch ich entschied mich zum Glück, den Termin wahrzunehmen.

Auf dem Weg zu meinem Termin bekam ich eine SMS von meiner Kundin. Sie beschrieb mir kurz, wo ich parken konnte. Das war so fürsorglich und zeigte mir, dass ich auch hier wieder einmal willkommen war. Als ich ankam, winkte mir eine Frau zu, die vor Freude und Herzlichkeit nur so strahlte. »Ich liebe meine Berufung«, durchfuhr es mich innerlich, und schon waren alle Sorgen wie weggeblasen.

Das Reihenhaus hatte meine Kundin vor sechs Jahren von ihren Eltern übernommen. Sie hatte mit ihrem Mann alles renoviert und zum Teil Umbauten vorgenommen, Wände herausgenommen und kleine Fensterchen liebevoll eingesetzt. Aus dem damals elterlichen Schlafzimmer wurde ein Badezimmer, das heute einem Wellnessbereich gleichkam. Hier hätte man sich wirklich wohlfühlen können, wäre da nicht noch der alte Geruch des Schlafzimmers.

Gerade wenn wir Räume in ihrer Wirksamkeit verändern, habe ich es schon oft erlebt, dass die alten Stimmungen noch als Geruch festhängen. Sie lassen sich aber gut mit der Räucherung von Kräutern, Harzen und Hölzern beseitigen. Vor allem bei einem Badezimmer, das in den Morgenstunden dazu dienen sollte, wach zu werden, empfiehlt sich eine Räucherung. Sonst dürfte das Wachwerden in den voraus gelebten Energien eines Schlafzimmers eher schwierig werden.

Hier waren mehrere Räucherungen nacheinander notwendig, zumal auch der Vater in dem ehemaligen Schlafzimmer verstorben war. Dies war auch einer der Gründe, warum mich meine Kundin zu einer energetischen Hausreinigung bestellt hatte. Sie hatte immer wieder an bestimmten Orten im Haus den Geruch des Vaters wahrgenommen.

So sollten hier überwiegend der **HOLUNDER** und der Wacholder für die Reinigung, für Heilung, Schutz und Segen zum Einsatz kommen. Dem Keller hatte ich zuvor mit einer energetischen Räucherung mehr Stabilität und Flexibilität durch den Bernstein gegeben. Der alte Partykeller war an den Wänden mit Holz getäfelt. Hier räucherte ich mit

meinem Lieblingskraut, dem Beifuß, denn er besitzt die Eigenschaft, Störfelder zu transformieren. Ich war wieder mit all meiner Konzentration und Leidenschaft dabei. Den Eingangsbereich sowie den Wohnbereich öffnete ich mit einer Räuchermischung, die ebenfalls viel Beifuß beinhaltete.

Zum Ende der Räucherung stiegen wir auf den ausgebauten Dachboden hinauf. Es war das damalige Jugendzimmer meiner Kundin und diente heute als Gästezimmer und Büro. Meine Kundin erzählte mir, dass sie sich vor sechs Jahren mit einer eigenen Geschäftsidee selbstständig gemacht hatte. Hier oben erledigte sie ihre Büroarbeit und organisierte neue Kundentermine.

Nach Abschluss der Räucherung machten wir einen gemeinsamen Rundgang durch alle Zimmer. Voller Freude stellten wir beide fest, dass sich der Geruch im Badezimmer verändert hatte und auch der untere Wohnbereich viel freier und größer wirkte. Rundum: Es war alles zur Zufriedenheit meiner Kundin.

Nun wartete noch ein Himbeertörtchen und eine Tasse Kaffee auf mich. Dankbar nahm ich am Tisch Platz. Wir erzählten und lachten viel, und ich fragte mich insgeheim, ob meine Kundin in meiner Aura lesen konnte. Sie motivierte mich, weiterzumachen, und war fest davon überzeugt, dass meine Geschäftsidee in kürzester Zeit von ganz alleine laufen würde. Und ich sollte lernen, auch mal Durststrecken zu genießen und weiterhin an mich zu glauben.

Als ich heimfuhr, war ich sprachlos und ganz sicher, dass der Himmel mir einen Engel geschickt hatte. Zu Hause angekommen, packte ich die am Morgen herausgelegten Unterlagen in den Ordner zurück, sicher, dass mein Weg der Selbstständigkeit mich auch weiter durch mein Leben tragen würde.

Ich fragte mich, ob diese so herzliche Kundin ahnte, wie sehr sie mir mit ihren aufbauenden Worten geholfen hatte. Wie so oft begegnen uns wahre Engel auf unserem Lebensweg, und wir bemerken es erst im Nachhinein. Mit dieser Geschichte möchte ich mich bei allen Engeln bedanken!

Holunder

Sambucus

SAMMELORT:
Der Holunder wächst in unseren Breiten an vielen Orten und verströmt seinen lieblichen Duft. Er ist auf Waldlichtungen und an Wegesrändern zu finden und sollte möglichst weit entfernt von befahrenden Straßen gesammelt werden.

SAMMELZEIT:
Die Blüten werden im Mai und Juni gesammelt. Die Holunderbeeren können im August geerntet werden und sollten dann für die Räucherung getrocknet und in einem Mörser zu Pulver gerieben werden.

WIRKUNG BEIM RÄUCHERN:

Man sagt dem Holunderbusch nach, dass in ihm die Ahnen wohnen. Er ist ein großer Segensbusch und wächst gerne in der Nähe von Menschen. Besonders oft erblickt man ihn direkt an den Häusern. Er hilft, uns vor störenden Energien abzuschotten. Der Holunder hat die Kraft, die Ober- und die Unterwelt zu vereinen. Daher besitzt er die Fähigkeit, uns Heilung, Schutz und Segen zu geben. Während der Räucherung können wir nach unserem Schicksal fragen, und er kann uns einen Einblick in unsere Lebensaufgabe schenken. Der Holunder lehrt uns, den richtigen Zeitpunkt für unser Tun zu erkennen. Holunderräucherungen eignen sich auch gut für den Übergang in andere Welten.

ÜBRIGENS:

Die Holunderdolden werden nicht mit Wasser gespült, sondern leicht auf hellem Papier abgeklopft. Meist kommen ein paar tierische Bewohner zum Vorschein. Dann können die Holunderdolden zum Trocknen an einem sonnigen Platz ausgelegt werden. Der getrocknete Holunder eignet sich zum Räuchern und schmeckt auch als Tee. Zum Räuchern kann auch das geschnittene Holz verwendet werden. Doch es ist darauf zu achten, dass man einen Holunderbusch niemals fällen sollte. Wenn man sich an ihm bedient, ist auf eine achtsame, dankende Haltung zu achten.

Die verstummte Geige

»Aber ich liebe das Haus doch«, waren die Worte meiner Kundin gewesen, als wir den Termin für die energetische Hausreinigung vereinbart hatten. Ihr war zuvor dazu geraten worden, das Haus wieder zu verkaufen, es sollte voller Hausschimmel sein und zudem noch so einige Störungsfelder aufweisen. Meine Kundin war verzweifelt und hatte nicht mehr viel Hoffnung. Bis ihre Mutter ihr einen Zeitungsartikel vorlegte, in dem von meiner Arbeit berichtet wurde. Sie bekam eine Gänsehaut, wusste, das war es, und rief sofort in meiner Praxis an.

Ich fuhr in eine kleine, am Wald gelegene Straße. Die Häuser, die ich erblickte, waren schon etwas älter, vermutlich in den sechziger Jahren gebaut, und wirkten auf mich eher starr. Meist waren sie schon an die Kinder vererbt oder verkauft worden. Meine Kundin hatte ihr Haus von einem jungen Mann gekauft, der es nicht mehr halten konnte. Er war oft krank gewesen, und sein Vater, der vor ihm dort gewohnt hatte, war dem Alkohol verfallen und bereits gestorben. Hier schwebten also die Themen Sucht, Krankheit und Mangel.

Meine Kundin lebte seit fünfzehn Jahren in dem Haus und war seitdem immer wieder krank gewesen. Dazu kamen Schlafstörungen und Energieverlust. Hier waren bereits die Stimmungen der Vorbesitzer übernommen und weitergelebt worden. Ich hatte alle Kräuter, Harze und Hölzer dabei, um diese Energien umzuwandeln. Nach einem geführten Rundgang durch das Haus fing ich sofort an, die Kohle für die Transformation anzuzünden. Dabei stieg mir immer wieder ein muffiger Geruch in die Nase. Ich erwähnte den Geruch in der Küche und fragte, ob hier mal das Schlafzimmer gewesen sei. Daraufhin holte die Frau mittleren Alters einen Umriss des Hauses, den sie beim Kauf des Hauses bekommen hatte und auf dem die Zimmeraufteilung skizziert war, und tatsächlich: Die heutige Küche war das Schlafzimmer von damals. Ich räucherte zuerst das kräftige Kraut des Beifuß, um die alten Störungsenergien zu entfernen. Dann wollte ich etwas Stimmungsaufhellendes räuchern und nahm dazu Johanniskraut.

Wenn Räume eine andere Bestimmung bekommen, ist es immer wichtig, die alten Stimmungen zu wandeln und neue Informationen hineinzugeben. Sonst kann es passieren, dass wir in der Küche immerzu müde sind und nicht wissen, warum. So war es auch hier. Die Mutter meiner Kundin blieb bei ihren Besuchen immer nur kurz. Sie äußerte, dass sie immer so müde und kraftlos wurde, sobald sie die Wohnküche betrat.

Im Wohnzimmer lag der Teppich des Vorbesitzers, und auch die Vorhänge waren übernommen worden. Nur die Traurigkeit, die ich spürte, sollte nicht bleiben, und so räucherte ich jede Ecke des Raumes und riet meiner Kundin, nach und nach die übernommenen Gegenstände zu ersetzen.

Im Eingangsbereich war eine weitere Wand gezogen worden. Dadurch entstand ein scharfer Winkel, der den energetischen Fluss störte. Hier musste etwas Öffnendes hin, ein Spiegel oder ein Bild, das eine offene Tür zeigt. Etwas, das Weite symbolisiert und die Ecke weicher und fließender macht. Die Besitzerin holte einen länglichen Spiegel und stellte ihn an den Ort, an dem wir beide seine öffnende Wirkung wahrnehmen konnten.

Nun kamen wir in den Schlafbereich des Ehepaares. In diesem Haus war es eine große Herausforderung gewesen, den richtigen Platz für das Bett zu finden. Eine Treppe führte in den ausgebauten Dachboden. Dort waren so viele Holzbalken und Wände, dass es wirklich keinen Platz für das Bett gab. Daher stand es unterhalb der Treppe. Auf mein Nachfragen hin erfuhr ich, dass beide Bewohner gut schliefen, nur die Treppe sei störend. Hier fand sich die Lösung durch einen weißen Stoff, der nun leicht geschwungen als Himmel unterhalb der Treppe angebracht wurde. So war ein himmlischer Schlafplatz entstanden.

Die alten Dachbalken brauchten eine gründliche Reinigung. Ich nahm zum Verräuchern etwas Weihrauch für eine hohe Transformation und eine spirituelle Öffnung. Zum Teil waren die Holzbalken schwarz, als hätte der Dachstuhl mal gebrannt. Den neuen Besitzern war davon nichts bekannt.

Dann fiel mir ein kleiner schwarzer Instrumentenkasten auf. Ich fragte, ob es eine Geige sei, und sah ein freudiges Nicken. Und dann lag der geöffnete Kasten vor uns, und ich erblickte eine alte Geige. Ihre Geschichte machte sie sofort wieder lebendig: Meine Kundin hatte sie von ihrem Großvater bekommen, und dieser hatte sie durch ein Tauschgeschäft erworben. Der Besitzer der Geige hatte sie damals gegen Eier, Brot und andere Lebensmittel eingetauscht, die es auf dem Hof des Großvaters zu kaufen gab. Wie hungrig musste der Mann vor circa siebzig Jahren gewesen sein, dass er sein Musikinstrument gegen Essen eintauschte. Meine Kundin hatte als junges Mädchen auf der Geige gespielt, es jedoch wieder verlernt. Ich hatte die Idee, das gute Stück zumindest an einen Ort zu stellen oder zu hängen, an dem es ihr immer wieder ins Auge springen würde.

Nun gab es noch eine letzte Räucherung, bei der es um die Frau des Hauses ging. Ich legte etwas **ZEDERNHOLZ** auf meine glühende Kohle und bat die Kundin, sich in den Eingangsbereich des Hauses zu stellen. Ich wollte dort ihre Aura räuchern und mit der Zeder stärken. Die Zeder steht für Mut, Stärke, Gesundheit und Wohlstand. Durch die alten Hausenergien war meine Kundin geschwächt worden. Damit sollte nun Schluss sein. Das Ganze wurde durch Affirmationen verstärkt, die ich vorgab. Sie haben die Fähigkeit, unseren Geist umzuprogrammieren, um dann in unseren physischen Körper auszustrahlen und sich so auch in unseren feinstofflichen Körpern auszubreiten, damit wir letztendlich das ausstrahlen, was wir empfangen möchten. Durch die Räucherung von Kräutern wird dieser Heilungsprozess beschleunigt.

Nun offenbarte sich für meine Kundin nicht nur ein komplett gereinigtes Haus, sondern auch noch die Frage nach dem Sinn ihres Lebens. Den Anfang konnten wir machen, indem sie sich erst mal zwei Aktivitäten vornahm, die ihr Leben mit viel Freude bereichern würden. Eine davon war, wieder ausgedehnte Spaziergänge in der umliegenden Natur zu machen. Den Vögeln bei ihrem Gesang zu lauschen und sich vielleicht davon inspirieren zu lassen, selbst wieder den inneren Klang durch ein Instrument nach außen klingen zu lassen. So wie früher, als junges Mädchen.

Wer hatte hier die erste Geige gespielt? Das Haus oder die Besitzerin? Das sollte sich mit dem heutigen Termin gewandelt haben, und die Geige bekam zumindest einen Platz an der Wand, und vielleicht würde in meiner Kundin wieder der Wunsch entstehen, darauf zu spielen.

Zeder *Cedrus*

SAMMELORT:
Die Zeder ist ein im Mittelmeergebiet und in Asien verbreiteter Nadelbaum.

SAMMELZEIT:
Zedernholz ist gut im Fachhandel zu kaufen. Haben wir einen persönlichen Zugriff auf eine Zeder, so können wir mit ihr in Kontakt treten und um etwas Rinde für eine Räucherung bitten. Sollte eine Zeder gefällt werden, können wir sehr gut die Sägespäne zum Räuchern verwenden.

WIRKUNG BEIM RÄUCHERN:
Der Rauch der Zeder schenkt Stärke und Mut für Neues. Er fördert unsere Gesundheit und spendet Wohlstand. Die Zeder verströmt einen harmonischen, leicht holzigen Duft, der mit Leichtigkeit die negativen Energien in den Räumen reinigt und eine Frische und Sinnlichkeit hineingibt. Er sorgt für Entspannung, bringt Glück in die Räumlichkeiten und wirkt sich gut auf das Eheleben der Bewohner aus. Wer einmal den Zedernholzduft mit allen Sinnen wahrgenommen hat, wird ihn immer wieder räuchern. Sensiblen Menschen verhilft er mit seinen klärenden und aufbauenden Eigenschaften zu einem Schutzmantel. Im Haushalt wird er zur Abwehr von Motten eingesetzt.

ÜBRIGENS:
In den Buchreihen mit der Hauptfigur Anastasia von Wladimir Megre wird von den klingenden Zedern Russlands berichtet. Dort heißt es in etwa so: »Gott hat die Zeder als Speicher der kosmischen Energie erschaffen. Wenn die Zeder einen bestimmten Klang ertönen lässt, ist sie bereit, die enthaltene Energie abzugeben und möchte gefällt werden.« Auch als Kettenanhänger soll sie diese gespeicherte Energie an den jeweiligen Besitzer weiterleiten.

Bruno und der *ausgesprochene* Fluch

An meinem rechten Unterarm spürte ich durch meinen Pullover hindurch immer wieder spitze Zähne, die versuchten, mich zu erreichen. Ich stand im Flur des Hauses und war gerade dabei, mich in die Hausenergien einzufühlen. Dabei versuchte ich nun, den Schäferhund, der mich nicht aus den Augen ließ, zu ignorieren, doch ich war mir unsicher, ob er nur spielen oder gleich kräftig in meinen Arm hineinbeißen wollte. Innerlich verunsichert, hoffte ich, die Besitzerin würde eingreifen. Das tat sie dann auch, woraufhin der Hund kurz von mir abließ, um dann wenig später weiter an meinem Arm zu knabbern. »Nun gut«, dachte ich mir, »wenn er gewollt hätte, dann hätte er sicher schon zugebissen.« Vielleicht war er auch nur ein wenig ohne Erziehung, und so versuchte ich, dem Vierbeiner nicht allzu viel Beachtung zu schenken.

Ein paar Minuten zuvor war ich eine mir unbekannte Straße entlanggefahren. Laut Navigationsgerät hätte hier gleich das Haus stehen müssen, zu dem ich für die energetische Hausreinigung gerufen worden war, da hatte mir vom Gehweg eine Frau zugewinkt, an ihrer Seite ein ausgewachsener Schäferhund. Sie hatte mit der Hand in die Richtung gezeigt, in der ein Haus stand. Ich nahm an, dass dort der Termin stattfinden würde. Ich war auf die Auffahrt gefahren und hatte das gelbe Haus wahrgenommen. Es hatte sehr fröhlich auf mich gewirkt. Seitdem ich zu Häusern und Wohnungen gerufen wurde, hatte ich festgestellt, dass jedes Haus eine eigene Energie ausstrahlte. Von außen war diese hier fröhlich, doch später würde sich zeigen, dass es im Inneren für die Bewohner nicht so sorglos zuging.

Nachdem die Hundebesitzerin mittleren Alters mich ins Haus geführt hatte, kamen die eigentlichen Bewohner des Hauses, um mich zu begrüßen. Es waren die Eltern meiner Auftraggeberin, und sie waren beide bereits über achtzig Jahre alt. Die älteren Herrschaften waren dem Räuchern gegenüber sehr aufgeschlossen und freuten sich, dass die Tochter den Termin für sie arrangiert hatte.

Nachdem ich nun alle, einschließlich Bruno, den Schäferhund, kennengelernt hatte, führte mich die ältere Dame in einen Raum, der von der Küche abging. Hinter der Tür hingen drei eingerahmte Bilder, die einen Ort und Landschaften zeigten. Mir sagten die Bilder nichts, doch die Dame neben mir erzählte, dass diese Fotos vor gut sechzig Jahren entstanden waren und dass sie den Ort zeigten, an dem sie sich immer wohlgefühlt hatte. Ich spürte die Sehnsucht, die in ihren Worten lag, und musste die Tränen, die langsam meine Augen befeuchteten, zurückhalten. So standen wir beide vor den Bildern, und ich war tief gerührt, doch auch irritiert. Warum wohnte sie seit über sechzig Jahren in diesem Haus, an diesem Ort, wenn sie sich in Wirklichkeit wünschte, ganz woanders zu sein?

Als wir alle in der Küche versammelt waren, erfuhr ich die ganze Geschichte: Die Eltern des Mannes hatten das Haus gebaut. Die Dame an meiner Seite war damals eine junge Frau und schwanger von einem anderen Mann gewesen, der die Verantwortung für eine Familie nicht hatte tragen wollen. Da hatte der junge Mann die schwangere Frau im Haus seiner Eltern aufgenommen. Sie heirateten, und das Mädchen, meine Auftraggeberin, wurde geboren. Lange Zeit hatten sie als Großfamilie unter einem Dach gelebt, bis der Bauherr gestorben war und Mutter und Sohn das Haus geerbt hatten. Mutter und Sohn waren sehr eng miteinander verbunden, und die Ehefrau hatte in all den Jahren ihren Platz in diesem Haus nicht gefunden. Bis heute nicht.

Nach all den emotionalen Worten wollte ich nun erst mal die Luft mithilfe der mitgebrachten Kräuter, Harze und Hölzer reinigen. Ganz besonders bot sich hier das Fichtenharz an, um alte Wunden zu heilen. Bei der Räucherung im Wohnzimmer nahm ich noch den Beifuß hinzu. Hier war die Decke getäfelt, und es brauchte viel Zeit und viel Rauch, um all die alten Stimmungen zu transformieren. Und immer wieder an meiner Seite: der Schäferhund Bruno.

Dann erfuhr ich von einer weiteren Begebenheit, die in der Küche stattgefunden hatte. Sie hatte das ohnehin schon schwierige Verhältnis zu den Nachbarn noch verschlechtert. Eines Tages war es in der Küche des Hauses zu einem Streit mit dem Nachbarssohn gekommen. Er war direkt in der Küche zu Boden gefallen und gestorben. Die bestürzte Nachbarin hatte die Familie am Tod ihres Kindes beschuldigt und einen Fluch ausgesprochen. Ich gebe zu, das waren Ereignisse, die ich nun auch nicht erwartet hatte. Doch glücklicherweise hatte ich immer alles dabei. Für alle Fälle!

Ich räucherte zuerst den schwarzen Weihrauch und dann die Kamille. Beides kraftvolle Räucherstoffe, die imstande sind, Verwünschungen und Flüche aufzulösen. Und da das alles schon so lange zurücklag und die Stimmungen im Haus sehr stark beeinflusst hatte, nahm ich noch den **ROSMARIN** hinzu, um das Alte loszulassen und auch die damit verbundene Trauer zu transformieren.

Mir fiel auf, dass ich in all den Räumen, die ich betrat, kein einziges Familienfoto sah. Ich sprach die Tochter darauf an. Nein, es waren tatsächlich keine aufgehängt. Sie lagen alle im verschlossenen Schrank. Nun machte ich den Vorschlag, die Familie und auch die Eltern, die das Haus damals gebaut hatten zu ehren und zu stärken, indem ein Bild von ihnen aufgestellt wurde. Es dauerte nicht lange, da waren alle drei im Wohnzimmer vereint, um sich ausgebreitet die Familienfotos.

Mir war es ein Anliegen, mich noch ein wenig um die ältere Dame zu kümmern. Es lag mir so sehr am Herzen, nun, nach über sechzig Jahren, einen Platz im Haus für sie zu finden, und so nahm ich meinen Tensor – auch Einhandrute genannt – und ging mit ihr durch das ganze Haus. Im Wohnzimmer gab es keinen Platz, in der Küche auch nicht, auch im ganzen ersten Obergeschoss nicht. Erst als wir ganz oben im ausgebauten Dachstuhl ankamen, gab es in einer Ecke im Schlafzimmer eine kleine Sitzecke, in der der Tensor ausschlug und damit anzeigte, dass sie sich hier wohlfühlen könnte. Und so war es dann auch. Sie erzählte mir, dass sie sich oft nach oben zurückzog, da sie dort am liebsten war. Nur die vielen Stufen machten ihr zu schaffen.

Zuerst räucherte ich ihren Lieblingsplatz und verstärkte ihn, indem ich den Platz mit einem Symbol, das ihn immer wieder mit guter Energie auffüllen würde, einrichtete, einer sogenannten »Lichtdusche«, in der Hoffnung, dass sie die Stufen in Zukunft weiterhin hinaufgehen konnte.

Wieder unten im Haus angekommen, verließ Bruno nicht den Platz an meiner Seite. Inzwischen hatte ich mich ein wenig mit ihm angefreundet. Er hatte mich während der gesamten Zeit nicht aus den Augen gelassen und war sehr anhänglich von Zimmer zu Zimmer mitgegangen. Nun erfuhr ich von der Besitzerin, dass Bruno sehr krank war.

Irgendwie konnte ich nicht anders, ich kniete mich neben Bruno, der sich zugleich zu Boden warf, legte meine Hände auf seinen Körper und ließ Reiki fließen, die heilende Energie aus dem Universum. Und Bruno war ein richtiger Genießer.

Nun war die Familie wieder vereint, das Haus energetisch gereinigt, und der Hund leckte zum Dank über meine Handflächen. Zeit für mich, wieder in Richtung Heimat zu fahren.

Rosmarin

Rosmarinus officinalis

SAMMELORT:
Der Rosmarin kommt ursprünglich aus dem Mittelmeerraum. Inzwischen wächst er auch in Deutschland gerne und kann im Garten oder auf dem Balkon angebaut werden.

SAMMELZEIT:
Der immergrüne Rosmarin kann ab April geerntet und getrocknet werden. Gesammelt und verräuchert werden die schmalen Blätter und Triebspitzen.

WIRKUNG BEIM RÄUCHERN:
Rosmarin wirkt beim Räuchern anregend. Genau, wie er zum Leben erweckt, Bräute nach altem Brauch schmückt, so dient er auch oft auf Gräbern als Schmuck. So begleitet der Rosmarin den Lebenskreislauf. Bei Räucherungen wird er für die große Liebe und Herzöffnung eingesetzt. Er unterstützt aber auch ein verbundenes Loslassen und kann geräuchert werden, wenn ein lieber Mensch von uns gegangen ist. So hilft er uns auch in Zeiten der Trauer und bei Depressionen.

ÜBRIGENS:
Wer kennt sie nicht, die leckeren Rosmarinkartoffeln. Rosmarin ist ein Gewürz aus der mediterranen Küche. Sein Geschmack ist kraftvoll und überdeckt schnell andere Aromen. Daher ist er eher sparsam zu verwenden. Doch wer kennt noch den alten Brauch, dass Rosmarinzweige den Babys in die Wiege gehängt wurden, um sie zu schützen?

Die besorgte *Katze*

»Stell dir vor, meine kleine bunte Katze stupst mich während unseres Telefonats immer wieder mit ihrer feuchten Nase am Arm an. Sie drängt mich, nun endlich einen Termin bei der Räuchertante zu vereinbaren«, hatte ich am anderen Ende der Leitung die Tierkommunikatorin sagen hören. Seit einiger Zeit hatte ich Kontakt zu der feinfühligen Frau Anfang fünfzig, die mit Tieren sprechen konnte. Die Verbindung war durch eine Freundin meiner Tochter entstanden. Diese hatte vor einiger Zeit für ihren Hund eine Tierflüsterin aufgesucht, und ich hatte sie zu dem Termin begleitet. Während des Besuches hatte die Katze mich unter die Lupe genommen, und wie ich später erfahren würde, war sie sehr neugierig auf mich. Für mich war es nicht ungewöhnlich, dass es Menschen mit der Begabung gibt, mit Tieren zu sprechen. Doch das war nun wirklich speziell: Meine Auftraggeberin war eine Katze!

In einem Vorgespräch hatte ich erfahren, dass die Besitzerin seit acht Jahren in der Wohnung lebte. Es hatte vor ihr zwei Mieterinnen gegeben, die auch alleine dort gelebt hatten. Seit meine Kundin in der Wohnung wohnte, hatte sie keine Beziehung mehr gehabt, als wenn dort kein Zugang dafür wäre. Dabei wünschte sie sich eine Partnerschaft.

Als ich mit all meinen Räucherutensilien die Wohnung betreten wollte, kam ich kaum durch den Eingang. Der Bereich, ein quadratischer Flur, war eng und wirkte auf mich wie zugeschnürt. Zudem blockierte in der rechten Ecke noch ein dunkler Holzschrank den Zugang. Wie sich später herausstellen sollte, war diese nach Feng Shui die Reichtumsecke.

Die Wohnung lag im Erdgeschoss und hatte einen kleinen Garten. Obwohl Tageslicht hereinfiel, wirkten die Räume so gar nicht lichtdurchflutet – die dunkel gestrichenen Wände verschluckten viel Licht. Der großzügige Wohnbereich war wegen des Wunsches nach Rückzug mit einem hohen Regal aufgeteilt worden. Das unterbrach jedoch auch den Lichtfluss. Hier durfte in Zukunft ein flaches Regal stehen, mit Pflanzen obendrauf gestellt, um das Licht durch den gesamten Raum zirkulieren zu lassen.

Doch nun wollte ich erst mal die Kohle erhitzen. Erde konnten wir aus dem Garten holen und sie später zur Transformation wieder hinausbringen. Ich freute mich, dass ich meine neue Räuchermischung dabei hatte. Sie hatte heute Premiere! Enthalten war mein Lieblingskraut, der Beifuß. Er hilft uns, Altes loszulassen, besonders auch Kummer. Dann der Dammar, das Katzenaugenharz. Er wird bei Traurigkeit und Schwermut eingesetzt und bringt uns Hellsichtigkeit. Genau das Richtige für die zarte Frau, die mit Tieren sprach. Und schließlich die Alantwurzel für Geborgenheit und Schutz. Sie nimmt uns das Gefühl der Einsamkeit und wirkt stimmungsaufhellend. Mit dieser Mischung konnte ich hier viele Themen angehen, denn irgendwie hatte ich das Gefühl, die Energien in der Wohnung passten nicht mehr zu der jetzigen Mieterin, und durch zu viel Altes blockierte sie sich in ihrer Entwicklung. Das sollte sich später noch bestätigen.

Ich fing im quadratischen Flur an. Der dunkle Holzschrank, den meine Kundin von ihrer Mutter übernommen hatte und der nun in der Reichtumsecke stand, durfte einem Stuhl weichen. In dieser Ecke darf gerne auch eine Schale mit Geld stehen, um den Fluss des Geldes strömen zu lassen. Verstärken lässt sich das noch mit einem Bild eines Wasserfalls.

Doch nun wurde es richtig interessant. Hinter der Eingangstür, auf dem Boden an die Wand gelehnt, entdeckte ich ein Bild von einer Frau im Fantasy-Stil mit einer Katze. Auf meine Frage hin, welche Bedeutung das Bild hatte, sagte meine Kundin: »Das erinnert mich an meine Verbindung zu den Tieren.« Aber warum stand es hier unten versteckt? Darauf bekam ich keine Antwort. Ich sah nur in ein bekümmertes Gesicht, gab ihr das Bild und bat sie, dieses an ihren Arbeitsplatz zu stellen, dort, wo sie mit den Tieren sprach. Jetzt verstand ich auch die besorgte Katze. Die Frau versteckte sich hier in der Wohnung mit all ihren Fähigkeiten.

Nun wollte ich das Schlafzimmer ausräuchern, und durch das Fenster schaute die Katze herein. Sie war während des Termins immer wieder anwesend. Der große Schrank war von der Mutter, der Spiegel vom Onkel, das Bett gebraucht gekauft, und sie alle hatten noch die Energien der alten Zeit. In diesem Raum wirkten viele Fremdenergien, und es brauchte hier zwei Räucherungen hintereinander, um sie zu transformieren. Zum Abschluss gab ich den Rosenweihrauch hinein. Ein lieblicher hoch schwingender Duft, der bei meinen Kunden immer sehr gut ankommt. Dann gab ich noch ein paar Tipps für die räumliche Anordnung der Möbel, um dann in das Wohnzimmer überzugehen.

Was mir in der ganzen Wohnung auffiel, war, dass in jedem Eingangsbereich etwas Kantiges stand. Auch beim Betreten des Wohnbereichs stand am Eingang gleich ein Regal, das den Zugang versperrte. Der Ausgang zum Garten hinaus war ebenfalls durch ein leeres Regal blockiert. Hier sollte die kreative Ecke meiner Kundin sein. Auf dem Boden stand ein Korb mit Farben und Pinseln, lange nicht mehr benutzt. Hier durfte statt des Regals eine Staffelei aufgebaut werden, die ihre Kreativität fördern würde.

Dann kamen wir zum Arbeitsbereich mit einem großen Schreibtisch aus Holz, um den rundherum einige Stühle platziert waren. Ich hatte mir etwas **EISENKRAUT** und ein Lorbeerblatt mitgenommen, da ich schon wahrgenommen hatte, dass es noch innere Konflikte in meiner Kundin gab. So nahmen wir am Schreibtisch Platz. Ich bat sie, die Augen zu schließen, und führte sie durch einen Heilungsprozess, unterstützt durch die Informationen der geräucherten Kräuter. Hier ging es darum, an sich selbst zu glauben und sich nicht mehr zurückzuziehen. Alle Wege freizumachen und in ein gestärktes Selbstbewusstsein zu kommen, das den Erfolg anziehen würde.

Und jetzt kam auch die Katze wieder durch die offene Tür hereinspaziert, setzte sich vor mich hin und miaute mich an. Ob das wohl ein »Dankeschön« war?

Eisenkraut

Verbena officinalis

SAMMELORT:
Eisenkraut wächst als Wildpflanze in Europa. Besonders wohl fühlt es sich auf Weiden und an Wegrändern.

SAMMELZEIT:
In den Sommermonaten Juli und August wird das harte Kraut gesammelt.

WIRKUNG BEIM RÄUCHERN:
Eisenkraut sorgt für eine göttliche Gerechtigkeit. Es kommt in den Räumen immer dort zum Einsatz, wo Streitigkeiten vorangegangen sind. Auch innere Konflikte der dort lebenden Personen können sich mit ihm auflösen. Sein Rauch gibt Kraft und Mut, vermittelt uns Klarheit und sorgt für materiellen Erfolg. Müdigkeit wird überwunden, Geschäftsräume werden wieder für gute Verhandlungsgespräche und Geschäftsbeziehungen aktiviert.

ÜBRIGENS:
Eisenkraut ist das ideale Räucherungsmittel im Gerichtsaal. Es reinigt die hitzige Verhandlungsenergie bei Gerichtsprozessen, und wir können wieder eine Möglichkeit finden, um auf guter Ebene zu verhandeln. Auch bei schweren geschäftlichen Beziehungen hilft es, in Einklang zu kommen und gute Lösungen zu finden. Und vor oder nach einem Meeting klärt es die Luft.

Zwei umstrittene Tannen umarmt von *Maiglöckchen*

»Das ist ja unglaublich«, hörte ich mich sagen und wiederholte daraufhin die Worte meiner Kundin: »Die Vorbesitzer haben alles in dem Ferienhäuschen gelassen, alle Möbel, sämtliches Geschirr, Gewürze, Kaffee und selbst die Gartengeräte!« Das hatte ich wirklich noch nie erlebt, und ich musste einfach fragen: »War das Ehepaar denn auf der Flucht?« Die schlanke Frau, die mich für eine energetische Hausreinigung gerufen hatte, schüttelte lachend den Kopf. Das Ehepaar, von dem sie das Ferienhaus aus Holz gekauft hatte, war schon älter, und beiden war es gesundheitlich nicht sehr gut gegangen. Die Pflege des Grundstücks, das eine Größe von zwei Fußballfeldern umfasste, hatte ihnen körperlich zu schaffen gemacht.

Meine Kundin war alleinstehend und sehr dankbar für all die dagelassenen Gegenstände. Die Vorbesitzer hatten das Haus ihren Kindern nicht überlassen wollen, sie hatten vermutet, dass es zu Streitigkeiten hätte kommen können. Und so waren sich beide Seiten schnell einig geworden, und der Kaufvertrag war unterschrieben worden.

Streitigkeiten gab es jedoch noch mit einem Nachbarn. Die früheren Besitzer waren sogar vor Gericht gezogen, da der Nachbar sich an den zwei Tannen gestört hatte, die auf dem Grundstück meiner Kundin standen. Er hatte damals den Prozess verloren. Nun wünschte sich meine Kundin, diesen alten Streit nicht weiterzuleben, und bat mich, dort etwas Heilsames wirken zu lassen. Als ich vor den beiden Tannen stand, sah ich, dass rundherum Maiglöckchen wuchsen. Das Maiglöckchen ist eine giftige Pflanze, galt früher als Heilmittel für die Nerven und das Herz. Hier hatte sich die Natur offensichtlich selbst einen Schutz aufgebaut. Ich erfuhr von meiner Kundin, dass der erste Kontakt mit dem Nachbarn sehr friedvoll gewesen war. Und so folgte ich meinem inneren Impuls und ließ hier die Kräfte der Natur weiterwirken.

Nach einem Rundgang durch den großzügigen Garten kamen wir zurück zu dem Ferienhaus. Hier sollte ich heute durch eine Räucherung die Energien transformieren. Das Ehepaar hatte dieses Haus vor fünfundzwanzig Jahren selbst gebaut. Bilder an der Wand im Flur zeigten, wie das Grundstück damals ausgesehen hatte. Hier war eine starke energetische Verbindung zu den Bauherren zu spüren, die noch durch das zurückgelassene Mobiliar gefestigt wurde.

Die neue Besitzerin liebte die Musik, spielte in vielen Orchestern und war ihr Leben lang als Musikerin selbstständig gewesen. Vor vier Jahren hatte sie einen Hörsturz gehabt und im Anschluss einen Tinnitus. Nun trug sie Hörgeräte und war sehr vorsichtig mit ihren Ohren. Es war die Stille, die sie hierher zog, heraus aus der lauten Stadt, doch wollte sie die vorherrschenden Energien der Vorbesitzer nicht übernehmen. Und hier gab es einiges aufzulösen. So fing ich an und wählte die Kräuter aus. Ich entschied mich für Lavendel. Er reinigt und desinfiziert, schenkt Frieden und Harmonie. Ergänzend wählte ich noch ein paar Wacholderbeeren. Diese wirken besonders heilsam und keimtötend in Räumen, in denen die Menschen zuvor oft krank gewesen waren. Ich wusste aus den Erzählungen meiner Kundin, dass es den Vorbesitzern gesundheitlich gar nicht gut gegangen war. Meine Kundin war sehr feinfühlig und zudem durch ihre eigene Lebensgeschichte gesundheitlich angeschlagen. So räucherte ich erst mal das Schlafzimmer gründlich aus. Hier stand noch das alte Bett, das demnächst entsorgt werden sollte. Aber auch in den Schränken war noch die Wäsche der ehemaligen Besitzer, und so räucherte ich diese sehr sorgsam aus.

Das Badezimmer ist der Ort der Entgiftung und Reinigung. Hier nahm ich zu dem Lavendel noch etwas Beifuß hinzu. Er reinigt kraftvoll von allen Störungsenergien und gibt uns die Kraft, loszulassen. Und das Loslassen war auch hier ein Thema. Ich bat um große Müllsäcke, damit wir schon jetzt anfangen konnten, das alte Zeug wegzuwerfen. So fanden zwei Wärmflaschen den Weg in den Müllsack, eine alte Seife, ein WC-Stein und auch die beiden Bademäntel, die dagelassen worden waren.

Die ganze Energie war noch besetzt durch die Vorbesitzer, und all die dagelassenen Gegenstände erschwerten mir tatsächlich die Reinigung. So half ich zwischen den Räucherungen immer wieder mit, die Säcke mit Altem zu füllen. Meine Kundin hatte selbst kein Auto, also wurden die Säcke kurz im Schuppen zwischengelagert, bis sie später entsorgt werden würden.

Der linke Raum vorne am Eingang war früher das Kinderzimmer der Enkel gewesen. Hier war eine viel leichtere Energie spürbar. Kinder sind noch nicht so belastet wie wir Erwachsenen. Sie versprühen noch viel Lebensfreude, und das wirkt sich auch auf die Räume aus. Ich riet meiner Kundin, in diesem Raum zu schlafen, bis das alte Ehebett mitsamt den Matratzen und der Bettwäsche das Haus verlassen hatte. Sie hatte zuvor in dem Ehebett geschlafen, und das sehr schlecht. Beim ersten Betreten des Hauses hatte sie auch sofort die Idee gehabt, das ehemalige Kinderzimmer als Schlafraum zu wählen.

Als das gesamte Haus voller Rauch stand und sich alle Energien und Stimmungen nun umwandelten, gingen wir noch zu einem kleinen Häuschen am Ende des Gartens. Es hatte nur einen Raum, der ungefähr zehn Quadratmeter umfasste. Hier wollte die gute Freundin

meiner Auftraggeberin übernachten. Sie hatte angeboten, im Garten mitzuhelfen, und wollte dann gerne über Nacht bleiben. Dieser nette Schuppen hatte vorher den Kindern als Spielzimmer gedient, wenn es draußen geregnet hatte. Die Energien der Kinder waren auch hier wieder für mich zu spüren, und so nahm ich für die Reinigung ein Harz für eine leichte Umwandlung der Energien, um den Raum noch weiter zu öffnen. Der **DAMMAR,** auch Katzenaugenharz genannt, war hier sehr hilfreich, denn er reinigt mit viel Licht und Leichtigkeit. So durfte die Fröhlichkeit der Kinder weiterwirken.

Die ganze Zeit über war eine glückliche neue Hausbesitzerin an meiner Seite, die ganz verliebt wirkte und auch Platz für ihre Tochter mit Partner und Kind einrichten wollte. Doch erst mal wollte sie die Stille der Natur genießen, um wieder zu Kräften zu kommen und sich Zeit lassen für ihre eigene Heilung. Denn in naher Zukunft wollte sie wieder Musik machen und auch Unterricht geben. Bald schon würden wieder die Klänge des Lebens über die Musik in das Holzhäuschen einziehen. Die Wege dafür hatte ich heute mithilfe der Heilwirkung vieler Kräuter über das Räuchern frei gemacht.

Dammar

Canarium strictum

SAMMELORT:
Das Dammarharz stammt von verschiedenen verwandten Bäumen, die in Indien und Asien wachsen.

SAMMELZEIT:
Das Harz tritt nach Verletzungen des Baumes aus dem Stamm heraus und wird dann getrocknet. Es ist gut bei uns im Handel oder im Online-Shop zu kaufen.

WIRKUNG BEIM RÄUCHERN:
Der Dammar, auch Katzenaugenharz genannt, erfüllt die Räume mit Licht bringenden Energien. Das zitronig duftende Harz schafft eine transparente Stimmung und ist trotzdem sehr kraftvoll. So ist es auch bei Schwermut, Traurigkeit und Depressionen anzuwenden. Es stärkt die Intuition, verhilft zu Hellsichtigkeit und bringt uns in den Kontakt mit der spirituellen Welt. Daher ist es sehr beliebt für die Meditation.

ÜBRIGENS:
Dammar bedeutet LICHT. Das Harz vertreibt die Melancholie und kann besonders in der dunklen Jahreszeit geräuchert werden, um Licht in die Räume und zu den Bewohnern zu bringen.

Der *unerwünschte Geist* des Hauses

»Seit fünf Jahren wohnen mein Mann und meine Kinder in diesem Haus, doch es plagt uns eine ständige Unruhe, und auch unsere siebenjährige Tochter ist oft ohne Grund einfach traurig. Wir möchten endlich ankommen.« Wie ein Hilferuf hatte ich die Worte während des Telefonats aufgenommen und gespürt, wie mich plötzlich eine Müdigkeit überfallen hatte. Das war nicht ungewöhnlich, da ich mich auch über die Ferne in die Wohnsituation einfühlen kann. Aufgrund der Dringlichkeit hatten wir schnell einen Termin für eine energetische Hausreinigung gefunden. Immer noch energetisch erschöpft, hatte ich nach dem Gespräch intuitiv wahrgenommen: »Hier lebt noch der alte Geist der Vorbesitzerin.«

Was sehr interessant gewesen war und mich nicht losgelassen hatte, war die Information der Kundin, dass die Vorbesitzerin einmal die Treppe hinabgestürzt und danach viele Monate krank gewesen war. Kurz nach dem Einzug mit ihrer Familie war die zweifache Mutter ebenfalls die Treppe heruntergefallen, und es hatte eine lange Zeit gebraucht, bis sie sich wieder von dem Sturz erholt hatte. Hier schien gleich am Anfang die vorher gelebte Energie komplett auf meine Kundin übergegangen zu sein, und das sollte sich später auch als richtig erweisen.

Die neu eingebaute Eingangstür öffnete sich nach meinem Klingeln, und ich begrüßte meine Kundin. Die Häuser in der ganzen Siedlung waren in den Zwanzigern gebaut worden. Es waren Reihenhäuser, die eng aneinander standen und sehr klein wirkten, doch innen zeigte sich mir ein geräumiges, großzügiges Haus.

Meine Kundin führte mich durch die Räume. Der Keller war ausgebaut worden, und hier gab es nun noch ein zweites Badezimmer. Neben dem WC war eine Gipswand eingebaut worden, dort hatte damals ein Schacht zur Flucht bei Bombenangriffen gedient. Welche Ängste und Sorgen mussten die Menschen damals gehabt haben! Und wie viel davon schwang noch als Energie in den Räumen?

Dann gab es im Keller noch einen Arbeitsbereich. Meine Kundin arbeitete von zu Hause aus und hatte sich dort ihr Büro eingerichtet. Doch sie fühlte sich überhaupt nicht wohl darin und nahm ihre Arbeitsmappen ständig mit nach oben. Sie wurden auf dem Esszimmertisch verteilt und vom Laptop aus im Wohnzimmer bearbeitet. Dadurch wurde das Wohnzimmer als solches kaum genutzt, und die Gäste blieben auch eher aus. Hier gab es einiges aufzulösen, und so holte ich meine Behälter für die Räucherkohle und wählte meine Kräuter aus. Ich wollte zuerst im Keller räuchern, dorthin führte auch die Treppe, auf der beide Hausherrinnen gefallen waren.

Der schwarze Weihrauch durfte hier nicht fehlen. Er wirkt bei hartnäckigen Energien und kann sogar Flüche auflösen. Doch zuerst ging ich mit dem Lavendel in das neue Bad. Hier fiel mir sofort eine alte Holztruhe auf. Obendrauf war ein rotes Kissen platziert. »Hier sitze ich morgens immer und putze mir die Zähne«, hörte ich meine Kundin sagen. Sofort fiel mir ein: Sitzen ist gleich Wurzelchakra, das am Ende der Wirbelsäule als Energiezentrum den unteren Körperbereich versorgt. »Ich werde dann immer so müde«, erklang es von der Tür her. Das wunderte mich gar nicht. Zumal ich nun noch hörte, dass die Truhe von einem Ort kam, den meine Kundin als sehr unangenehm empfand.

Ich holte meine Pfefferminze und legte sie auf die heiße Kohle, um die Truhe von den Energien zu befreien. **MINZE** löst Altes auf und hat die Eigenschaft, wieder in das Hier und Jetzt zurückzuholen. Das bedeutet, dass alles vorher Gespeicherte gelöst wird und der Gegenstand in der Gegenwart ankommen kann. Dann nahmen wir beide einen unangenehmen Geruch wahr. Das war ein gutes Zeichen und bedeutete, dass die alten Energien sich lösten – und das kann tatsächlich auch mal stinken. Ich nahm die Hagebutte dazu, um den Geruch zu neutralisieren und ein wenig Lieblichkeit mit viel positiver Aufladung hineinzugeben. Nun sollte das morgendliche Zähneputzen von neuen positiven Kräften erfüllt sein.

Dann kamen wir zu der Treppe. Hier saß die Energie sehr fest, und ich entschied mich, noch ein Mantra zusätzlich zu der Räucherung zu chanten. Ein Mantra, das von der Dunkelheit in das Licht führt. Als ich hier räucherte, stiegen der neuen Besitzerin Tränen in die Augen. Ich bat sie, diese nicht zu unterdrücken, sondern sie fließen zu lassen. Die Heilung zuzulassen. Hier war gerade der Knoten geplatzt, und ich nahm noch die Arnikawurzel hinzu, um eine Lichtsäule aufzubauen und nun endlich den alten Hausgeist zu verabschieden.

Jetzt floss die restliche Hausreinigung, und die Räume öffneten sich wie von selbst. Wir fanden im ersten Stockwerk einen neuen lichtvollen Arbeitsplatz für die einfühlsame Frau. Dort gab es im schlauchförmigen Durchgangsraum eine Nische, in der jetzt noch zwei große Schränke standen, die aber bald in den Keller umziehen durften. Von dem Platz aus hatte man einen Blick direkt auf eine hochgewachsene, graziöse Buche. Er lud sicherlich eher zum kreativen Arbeiten ein als ein Kellerzimmer ohne Fenster. Dann würde auch das Wohnzimmer nicht mehr zum Arbeiten genutzt, und es würde wieder frei für das Zusammenkommen mit der ganzen Familie werden.

Nun ging ich in das Badezimmer im ersten Stockwerk. Hier räucherte ich mit Lavendel, weil er reinigt und gleichzeitig desinfiziert. Ich öffnete die Tür und fragte kurz, ob sich hier jemand aus der Familie wohlfühlte. Ich hörte nur ein Nein. Das hätte mich auch gewundert. Und nun wusste ich auch, warum meine Kundin vom Schlafzimmer im Dachgeschoss zum Zähneputzen in den Keller, drei Treppen mit jeweils mindestens dreißig Stufen, hinunterstieg. Das dürfte sich jetzt ändern, und wir schauten uns nach der Reinigung das Bad im ersten Stock genau an. Jetzt lud die Badewanne auch zum Baden ein, und mit ein paar kleinen Accessoires würde hier schon bald eine gemütliche Oase entstehen. Energetisch war dafür alles bereit.

Weiter ging es in die Kinderzimmer. Der Junge hatte das ehemalige Schlafzimmer der alleinerziehenden, strengen Dame, die kaum das Haus verlassen hatte. Zudem sollte sie auch noch sehr oft krank gewesen sein. Hier half der Wacholder. Die Wacholderbeeren werden in der Räucherung eingesetzt, um einen großen Schutz aufzubauen.

Das Mädchen wäre sehr gerne bei der Räucherung dabei gewesen, hatte aber keine Zeit. Ich bat ihre Mutter, ein kleines Video für sie aufzunehmen, das sie sich später ansehen konnte. Hier war die Energie sehr viel leichter, die Tochter hatte schon selbst mit der Klangschale gearbeitet und einige Heilsteine ausgelegt. Zudem konnte ich die Leichtigkeit des Mädchens spüren. Trotzdem wollte ich den Raum noch reinigen und öffnen. Das tat ich mit dem Beifuß, der alle Störungsenergien kraftvoll transformiert, und mit Dammar, dem Lichtbringer unter den Harzen.

Das Mädchen hatte ein Herz für Tiere, das war durch Poster und selbst gemalte Bilder an den Wänden zu erkennen. Auch mein Herz schlägt für die Welt der Tiere, und so sprach ich meine Kundin darauf an. Was sich nun eröffnete, erfreute mich und würde die Kinder in diesem neuen Zuhause mit großer Freude erfüllen – es war ein weiteres Familienmitglied geplant – ein Hund.

Mentha

SAMMELORT:
Die Minze wächst unkompliziert im Garten oder auch auf dem Balkon. Vielleicht ist sie auch schon im Haushalt in Form von getrockneten Teeblättern vorhanden.

SAMMELZEIT:
Geerntet werden die Blätter vor der Blüte.

WIRKUNG BEIM RÄUCHERN:
Die Minze ist im alltäglichen Leben gegenwärtig und begrüßt uns schon am frühen Morgen beim Zähneputzen. Auch in Kaugummis ist sie enthalten, und ein Tropfen Minzöl kann Kopfschmerzen lindern. Beim Räuchern bringt sie alle Energien zurück in die Gegenwart. Das wirkt sich sehr erfrischend auf die Räume aus. Ich verwende die Minze bei meinen Räucherungen gerne für die Reinigung von Möbeln aus zweiter Hand sowie bei Antiquitäten. Es bringt die Energie der Materie wieder in das Hier und Jetzt.

ÜBRIGENS:
Mit Minze kann ein erfrischendes, durstlöschendes Getränk an heißen Sommertagen zubereitet werden. In südlichen Ländern ist bekannt, dass ein warmer Tee aus Minze den Körper kühlt.

Ich hole mir meine ursprüngliche

Bestimmung

zurück

Kennen Sie Menschen, die ihrer wahren Bestimmung folgen? Dann konnten Sie bestimmt auch spüren, welche Zufriedenheit und Lebensfreude diese Menschen ausstrahlen. Das ist eine wahre Freude, und wir fühlen uns in ihrer Gegenwart sofort wohl.

Auch Räume können diese Zufriedenheit ausstrahlen. Das konnte ich bei einem Raum zum ersten Mal ganz deutlich spüren. Es war mein zweiter Termin zur energetischen Hausreinigung bei diesem Ehepaar. Anfang des Jahres war ich schon mal dort gewesen und hatte ihren Bungalow samt Keller und Garage mit den unterschiedlichsten Kräutern, Harzen und Hölzern ausgeräuchert. Jetzt, acht Monate später, begrüßte ich das reiselustige Ehepaar erneut. In der Zwischenzeit war im Keller Feuchtigkeit festgestellt worden, die zu Schimmel geführt hatte. Der gesamte Keller war daraufhin ausgeräumt, die Wände verputzt und im Anschluss neu gestrichen worden. Der Malergeselle, der sich mehrere Tage in den unteren Räumen aufgehalten hatte, hatte eine depressive Stimmung in das Haus gebracht, die meiner Kundin Anlass gab, sich sehr unwohl zu fühlen. Daher wünschte sie eine erneute energetische Hausreinigung.

Voller Begeisterung zeigte sie mir all die Veränderungen, die sie nach dem ersten Termin vorgenommen hatte: Im Ankleidezimmer war ordentlich ausgemistet worden, und die Kleidungsstücke waren nun nach Farben sortiert. Im Schlafzimmer war das Bett aus Metall durch eines aus dunklem Holz ausgewechselt worden. Heilsteine waren auf meinen damaligen Rat hin platziert worden, und auf meine Frage, ob ihr Mann denn nun gut schlafen würde, bekam ich zur Antwort ein Ja.

Auch die Stühle im Esszimmer waren mit neuem Stoff bezogen worden, und das ganze Haus mit seinen beiden Bewohnern strahlte eine Einheit aus. Wie ein richtiges Zuhause.

Doch nun wurde ich überrascht. Der Raum gleich rechts neben dem Eingang hatte damals als Gästezimmer und zugleich als Hauswirtschaftsraum gedient. Nun erblickte ich darin zwei Schreibtische und ein Regal voller Ordner. Beim Eintreten schaute ich direkt auf einen antiken Schrank, der damals gar nicht zur Geltung gekommen war. Doch was mir am meisten auffiel, war, dass der Raum atmete. Er war in einer totalen Zufriedenheit und Balance, die sich räumlich entfaltete. Offen und weit strahlte der Raum eine wunderschöne Energie aus.

Durch die Renovierungsarbeiten war das Büro aus dem Keller in das Erdgeschoss gezogen. Dann fiel es mir wieder ein: Beim ersten Mal hatte mir das Paar erzählt, dass das Haus von einem Arzt gebaut worden war. Er hatte dort viele Jahre lang gelebt und praktiziert. Gleich vorne im Eingangsbereich waren die Patienten empfangen worden, und der rechte Raum hatte schon damals als Büro gedient. Seine Freude war deutlich zu spüren, der Raum hatte seine ursprüngliche Bestimmung wiederbekommen. Den Nutzen, der für ihn von Anfang an bestimmt gewesen war, und das strahlte er nun aus.

Ich hatte es schon öfter gespürt, dass der Energiefluss blockiert war, wenn in Häusern Umbauten vorgenommen worden waren. Doch wie wichtig es war, dass auch Räume ihre wahre Bestimmung erfüllten, wurde mir nun ganz bewusst gezeigt.

Umso neugieriger war ich nun auf den Kellerraum, in dem das ehemalige Büro gewesen war. Wozu wurde er genutzt, wieder als Gästezimmer und Hauswirtschaftsraum? Es war der Bereich, der heute noch einmal geräuchert werden sollte. Und ich wurde erneut überrascht: Meine Augen blickten auf sonnige Wände, gestrichen in einem warmen Gelbton, und auf eine Wand war ein wundervolles weißes Mandala mit einer Schablone aufgezeichnet worden. Sehr schön, hier sollte nun der Yoga- und Meditationsraum für die Ehefrau sein, die sich besonders für die Naturheilkunde interessierte.

Es war so weit, ich zündete die Kohle an und wählte die Kräuter für die Räucherung. Ich wollte erst mal die Störungsenergie des Handwerkers umwandeln. Es schien, als hätte er ein schweres Leben mit viel Leid. Um seine Energie umzuwandeln, brauchte es schon den kraftvollen Beifuß, der auch immer Segen schenkt. Hinterher gab ich dem spirituellen Raum noch viel Licht über den Dammar, auch als Katzenaugenharz bekannt. Hiermit wurden die Intuition und Wahrnehmung gefördert sowie die Hellsichtigkeit. Genau das Richtige für diesen Raum.

Die Dame des Hauses führte mich nun noch zu anderen Orten, an denen sich der Maler mehrmals aufgehalten hatte. Dazu gehörte auch die Terrasse. Dort hatte meine Kundin einen Lieblingsplatz, an dem der Herr in der Pause gerne gesessen und seine Zigaretten geraucht hatte. Meist reinigt die Natur, der Wind und Regen, die Energie und klärt wieder alles. Doch seit Wochen war kein Regen mehr gefallen, und hinzu kam, dass die Terrasse überdacht war und die Bäume in ihrem Umfeld mir kraftlos schienen. Also nahm ich auch hier meine Räucherschale, legte **HAGEBUTTE** auf die glutrote Kohle, um wieder eine positive Energie mit der Hundsrose aufzubauen, und bat meine Kundin, ihren Platz wieder einzunehmen. Lächelnd und zufrieden saß sie in ihrem Gartenstuhl.

Nun war die Räucherung beendet und alles zur Zufriedenheit des Ehepaares, sodass es sich wieder wohlfühlen konnte. Ich hatte meine mobile Reiki-Liege mitgebracht und schlug vor, die zusätzlich gebuchte Reiki-Behandlung in dem neuen spirituellen Raum im Keller zu geben. Der Vorschlag wurde mit Begeisterung angenommen. Ich baute die Liege auf und aktivierte die Reiki-Energie über Symbole und dazugehörige Mantras. Der Raum verschlang die Energie förmlich, und wir freuten uns alle, dass wir ihn auf diese Weise einweihen konnten. Dadurch fand auch ein weiterer Raum seine wahre Bestimmung, und diese würde durch die Meditationen in der kommenden Zeit sicherlich noch gefestigt werden. Zum Abschluss chantete ich dreimal das OM.

Hagebutte

Rosa canina

SAMMELORT:
Die Hagebutte wächst weit verbreitet in Europa. Die Heckenrose, auch als Hundsrose bekannt, besitzt weiße, hellrosafarbene oder rosarote Blüten. Die Blüten sind nur wenige Tage geöffnet und meist nach zwei Wochen verblüht.

SAMMELZEIT:
Im Herbst, wenn die Hecken langsam ihre Blätter verlieren, reift die Heckenrose zu einer roten Hagebutte. Dann beginnt die Sammelzeit. Zum Räuchern werden die Schalen der Hagebutte getrocknet.

WIRKUNG BEIM RÄUCHERN:
Die Hagebutte zieht positive Energien und Stimmungen an, und durch diese positiven Energien wird auch die Lebenslust der Bewohner gesteigert. Daher ist sie auch bei Stimmungsschwankungen und Depressionen einsetzbar. Wie auch die Rose wird sie gerne bei Liebesräucherungen verwendet. Hier wirken die Planeten Mars und Venus, sie vereinen das Männliche und Weibliche. Es wird eine Harmonie und Balance hergestellt. Die Hagebutte mit ihrem zarten Duft kann einen versöhnenden Raum schaffen, in dem Prozesse des Verzeihens stattfinden können.

ÜBRIGENS:
Die Hagebutte ist besonders auch aus Kindheitstagen bekannt – wer hat nicht schon einmal das Juckpulver auf der Haut zu spüren bekommen! Zudem hat die Hagebutte einen hohen Anteil an Vitamin C und kann auch als Tee getrunken ausgleichend wirken.

Ohne *Heilversprechen* im Einsatz

Die Kräuterheilkunde ist wissenschaftlich nicht anerkannt, auch wenn die Pharmaindustrie inzwischen für ihre Präparate auf Kräuter zurückgreift und diese immer öfter als Inhaltsstoffe, wenn auch in kleinen Mengen, beifügt. Das betrifft auch die Wirkung der Kräuter in Räucherungen. Zwar ist bekannt, dass zu Zeiten der Pest die Krankenlager mit Kräutern ausgeräuchert wurden – hier wurde auf die desinfizierende Wirkung gesetzt, um die Krankheitserreger abzutöten. Doch auch hier kann kein Heilversprechen ausgesprochen werden. Daher basieren die Informationen über die Kräuter, Harze und Hölzer auf altem überliefertem Wissen, ohne dass es wissenschaftlich belegt ist. In der heutigen Zeit gerät es immer mehr in Vergessenheit. Umso mehr freue ich mich, wenn Sie an die alten Erkenntnisse anknüpfen und vielleicht auch die eine oder andere Erinnerung durch Sie hindurchfließt oder in Ihnen erwacht. So machen wir wieder unsere eigenen Erfahrungen und erinnern uns an unsere Wurzeln, die doch in uns allen schlummern. Auch ohne Heilversprechen. Haben Sie einfach Freude, und lassen Sie sich überraschen. Erwarten Sie Wunder, und sie werden geschehen!

Auch die Bewohner stehen *im Rauch*

Ein ergänzender Hinweis für eventuelle Prozesse, die durch die geräucherten Stoffe bei den Bewohnern entstehen können.

Die Informationen, die wir beim Räuchern in einen Raum hineingeben, werden auch immer auf die Menschen, also die Bewohner und ihre Stimmungen, übertragen. Zudem werden auch Duftstoffe freigesetzt, die unsere Sinne ansprechen und Erinnerungen wachrufen können, die mit den Düften verknüpft sind. Es kann der vertraute Geruch des Lavendels sein – vielleicht noch aus den Zeiten der Großeltern bekannt, als diese ihren Kleiderschrank öffneten. So, wie zum Beispiel das Johanniskraut stimmungsaufhellend auf den Raum wirkt, kann es auch passieren, dass die Wirkung sich auf den Menschen überträgt und wir uns plötzlich ganz freudig fühlen.

Bei einer Räucherung können also auch Heilprozesse bei den Bewohnern angestoßen werden. Genauso kann es sein, dass Reinigungsprozesse in Gang gebracht werden. Ich nutze diese Auswirkungen sehr gerne und beziehe sie mit in meine Tätigkeit ein, indem ich gezielt mit den Menschen arbeite.

Hier ein Beispiel: Das Fichtenharz heilt auf emotionaler Ebene. Auch tiefe Wunden werden geheilt, und es öffnet das Herz. Wird es bei der energetischen Hausreinigung geräuchert, löst es alle festsitzenden emotionalen Spannungen, die dort gelebt wurden. Für die Bewohner kann das ebenso eine große Heilung in ihrem emotionalen Feld bewirken. In der Aura, unserem feinstofflichen Körper, haften oft alte Erlebnisse, die durch die Räucherung mit der Fichte gereinigt werden können, und das Herz kann Heilung erfahren. Das erklärt auch, warum eine Aura-Reinigung eine große Veränderung bringen kann.

Der Rauch mit seinen Eigenschaften umhüllt also auch immer die Bewohner und kann die jeweilige Stimmung übertragen.

Ein persönliches *Nachwort* für ein schönes Zuhause

Immer wieder erfahre ich, dass erst viele Jahre, nachdem die Menschen bereits Schwierigkeiten durch die vorher gelebten Energien bekommen haben, eine energetische Hausreinigung überhaupt in Betracht gezogen und gebucht wird. In meinen Geschichten wird die Dringlichkeit einer solchen Reinigung gleich zu Beginn sicher deutlich. Wie wertvoll es ist, gleich von Anfang an zu Hause anzukommen und keine kostbare Lebenszeit zu verlieren.

Auch erlebe ich es immer wieder, gerade auf Messen, dass die Menschen abwinken: »Ach, Räuchern, das mache ich selbst.« Doch oft wissen wir nicht, mit welchen Energien wir es dabei zu tun bekommen. Fremdenergien können hartnäckig sein und wollen nicht immer freiwillig das Haus verlassen. Gerade wenn wir schon länger in den Räumlichkeiten leben, können wir die Energien nicht mehr auseinanderhalten, sie vermischen sich mit unseren Stimmungen. Ich vergleiche es gerne mit »Betriebsblindheit«. Zudem sollten wir stabil und gesund sein. Das emotionale Feld sollte ausbalanciert und unser Geist zentriert auf Liebe und Frieden gerichtet sein. Ein wenig Kunst ist schon dabei, sind wir doch meist im Stress und in Gedanken häufig schon ganz woanders. Ich sage immer wieder in meinen Kursen: »Ein wenig Rauch kann jeder in die Ecken fächeln.« Doch es kommt auf unsere innere Haltung an. Die Bereitschaft, geführt zu werden, als Instrument zu dienen. Dafür benötigt es viel Praxis, und das täglich.

Und deshalb sollte eine energetische Hausreinigung einmal von einer Fachkraft ausgeführt werden. Genauso, wie wir für den Umbau des Hauses einen Architekten und für die Ausführung der Arbeiten Handwerker beauftragen, sollten wir uns auch für gute Energie eine Person ins Haus holen, die sich auf dem Gebiet auskennt. Ich bezeichne meine Hausreinigungen als Grundsanierung – vom Keller bis zum Dachstuhl wird alles gereinigt und transformiert und somit auf Neuanfang gesetzt. Im Anschluss gebe ich Tipps für die eigene Hausräucherung, um die Energie immer wieder selbst reinigen zu können.

In der Regel dauert eine energetische Hausreinigung vier bis fünf Stunden. Es ist eine hoch schwingende, energetische Arbeit, wobei es sein kann, dass über die Kräuter immer wieder unterschiedliche Heilungsprozesse angestoßen werden. Der Mensch und das Haus oder die Wohnung gehören für mich zusammen. Daher muss ich die Bewohner mit in den Prozessen begleiten. Und es ist wichtig, immer einen guten Abschluss zu finden. Es sollte alles vollständig sein und sich gut für die Bewohner anfühlen.

Nach einer energetischen Hausreinigung ist es notwendig, sich immer selbst noch von eventuell aufgenommen Fremdenergien zu reinigen. Es kann sein, dass eine Ruhezeit von zwei Tagen benötigt wird.

Wenn Sie die Räucherung selbst durchführen möchten, so empfehle ich, zuerst mit nur einem Raum anzufangen. Schauen Sie sich noch einmal die ersten Seiten des Buches an. Im Kapitel »Tipps und Tricks für das erste Räuchern« finden Sie wichtige Hinweise für die Durchführung. Besorgen Sie sich ein feuerfestes Gefäß, Kohle und eine Zange. Sie können die Auswahl Ihrer Kräuter im Handel kaufen, oder Sie haben sie bereits gesammelt und getrocknet. Dann steht den ersten eigenen Erfahrungen nichts mehr im Wege.

Ich wünsche Ihnen, dass Sie sich in Ihrem Zuhause wohlfühlen.

Ihre Bhagavati

Widmung & Danksagung

Ich widme dieses Buch dem göttlichen Paar Radha und Krishna, denn ohne ihre Gnade wären die Geschichten niemals entstanden. Gleichzeitig möchte ich dieses Buch auch meiner Enkelin Emma Lou widmen, denn als »Große Mutter« nehme ich eine Vorbildrolle ein. Wenn wir nur auf unsere Herzen hören und ihrem Ruf folgen, mag er noch so verrückt sein, können wir das Leben führen, für das wir hierher gekommen sind.

Ich danke meiner lieben Yoga-Freundin Miriam. Sie ist selbst Texterin und hat mich immer wieder aufgefordert, ihr meine neuen Geschichten zum Lesen zu schicken. Es hat lange gedauert, bis ich selbst daran geglaubt habe, dass die Geschichten gut sind. Letztendlich hat sie es von Anfang an gewusst. Dann danke ich meiner großherzigen Tochter Isabelle, die, obwohl sie mit all dem nichts anfangen kann, meine Geschichten Korrektur gelesen und im Anschluss ihre Begeisterung ausgesprochen hat. Da wusste ich, dass die Geschichten wirklich eine Chance haben.

Einen herzlichen Dank an meine Kundinnen und Kunden. Ich bin an allen Orten mit Freude und Herzlichkeit empfangen worden. Ohne sie wären die Geschichten nicht authentisch. Ich habe bei allen Geschichten auf Namen und Orte verzichtet, um so die Privatsphäre meiner Kunden zu schützen. Viele meiner Kunden konnte ich persönlich über das Erscheinen einer Geschichte über ihre energetische Hausreinigung informieren. Sollte sich jedoch jemand überrascht in einer Geschichte wiederfinden, so ist gewiss, dass nur die Bewohner selbst es erahnen können.

Über die Autorin

Bhagavati P. Hafen hat eine eigene Praxis für Reiki, Lichtheilung und Energiearbeit in Hamburg und reist als Räucherfrau für energetische Hausreinigungen durch ganz Deutschland. Seit mehr als siebzehn Jahren beschäftigt sie sich mit Energiearbeit und Kräuterheilkunde. Sie ist ausgebildete Reiki-Lehrerin, Energietrainerin und Tierkinesiologin. In ihren Seminaren zur energetischen Hausreinigung gibt sie ihr Wissen an Interessierte weiter.

www.reiki-lichtheilung.de

UNSERE HAUSNUMMER IST VIEL MEHR ALS EIN WEGWEISER FÜR DEN POSTBOTEN!

Bhagavati P. Hafen

Das kleine Einmaleins der Hausnummern

96 Seiten

ISBN 978-3-8434-5179-6

Gleich ob Eigenheim oder Mehrfamilienhaus: Die Hausnummer hat eine einzigartige Schwingung und Kraft. Kennen wir ihre Energie, können wir sie nicht nur für unsere persönliche Entwicklung nutzen, sondern finden Antworten auf viele Fragen: Welche Aufgabe gilt es, im aktuellen Lebensabschnitt zu erfüllen? Welche Eigenschaften dürfen wir stärker leben? Und was können wir tun, wenn die Hausnummer nicht zu uns passt?

Bhagavati P. Hafen zeigt in diesem Buch, welche Themen sich hinter den Zahlen und Buchstaben verbergen: Berufung, Partnerschaft oder doch eine gute Erdung? Schritt für Schritt und mit vielen Beispielen leitet sie uns an, die Bedeutung der eigenen Hausnummer zu entschlüsseln.

Auch ein ideales Geschenk für den Einzug!

Bildnachweis

Bilder von der Bilddatenbank www.shutterstock.com:

Umschlag: #1281755071 (© HETIZIA), #1051422041 (© CoralAntlerCreative), #1145419415 (© Margarita_V), #407159863 (© Transia Design), #454445500 (© Epine), #159081155 (© Transia Design), #204961570 (© Transia Design), #467366051 (© Transia Design), # 272529359 (© An Vino)

Vor- und Nachsatz: # 675614386 (© Alted Studio), # 467366051 (© Transia Design), # 204961570 (© Transia Design)

Schmuckelemente auf allen Seiten: Federn: #1145419415 (© Margarita_V), Herzen: #288162476 (© Kat_Branches); Mandalas: #1013449546 (© tanyabosyk); goldene Füllfarbe: #663009955 (© detchana wangkheeree); Floraler Rahmen um Bilder: #199304768 (© Kollibri); weitere Schmuckelemente: #467366051 (© Transia Design), #159081155 (© Transia Design), #272529359 (© An Vino), #116481811 (© blue67design), #204961570 (© Transia Design), #135178952 (© Woodhouse), #407159863 (© Transia Design), #111737915 (© karakotsya)

Seitenumrahmung: S. 2–17: #604178354 (© Valeriya_Dor), S. 20–23: #75304861(© Horon), S. 26–29: #1172831587 (© NikaMooni), S. 32–35: 797755423 (© Nadia Grapes), S. 37–41: #432110419 (© Valeriya_Dor), S. 46–49: #1197356146 (© NikaMooni), S. 51–55: #102165730 (© Falcon Eyes), S. 58–61: #251220550 (© Giraffarte), S. 64–67: #121627795 (© Katia Karpei), S. 70–73: #685181494 (© Separisa), S 76–79: #426479872 (© Yuliya Koldovska), S. 82–87: #1164912835 (© NikaMooni), S. 90–93: #1089854195 (© NikaMooni), S. 96–99: #602122265 (© Marek Trawczynski), S. 102–105: #83094223 (© Ozz Design), S. 108–113: #653808670 (© Shineprint), S. 115–119: #125215244 (© ivgroznii), S. 122–125: #122742526 (© RomanYa), S. 128–133: #675614386 (© Alted Studio), S. 135–139: #441331681 (© GarryKillian), S. 142–145: #262231619 (© bmf-foto.de), S. 148–151: #162705866 (© Kotkoa), S. 152–160: #604178354 (© Valeriya_Dor)

Weitere Bilder: S. 1: #1051422041 (© CoralAntlerCreative), S. 2: #1047706969 (© CoralAntlerCreative), S. 5: #1197188911 (© Simon Kadula), S. 6: #1086544799 (© CoralAntlerCreative), S. 7: #682766284 (© TwilightArtPictures), S. 8: #723963328 (© Sunil Purushe), S. 10, 13: #1391580350 (© aniok), S. 11: #1074595256 (© CoralAntlerCreative), S. 12: #671755027 (© Alena Ozerova), S. 15: #1281755089 (© HETIZIA), S. 16: #1061841089 (© CoralAntlerCreative), S. 17: #608725853 (© J. Lekavicius), S. 18: #75304861 (© Horon), #552017098 (© funnyangel), S. 19: #714297757 (© Alena Ozerova), S. 21: #1047700396 (© CoralAntlerCreative), S. 22: #135210635 (© elegeyda), S. 23: #1229989042 (© ArT-Di101), #1222630087 (© aniok), S. 24: #1172831587 (© NikaMooni), #1047685708 (© CoralAntlerCreative), S. 25–29: #701815063 (© NataLima), S. 26: #1345616984 (© Halil ibrahim mescioglu), S. 27: #710633434 (© Microgen), S. 28: #1281755074 (© HETIZIA), S. 29: #206602945 (© Ekaterina Kondratova), S. 30: #797755423 (© Nadia Grapes), #1348141439 (© coka), S. 32: #669872179 (© kwanchai.c), S. 33: #259824812 (© FooTToo), S. 33, 35: #500366857 (© Olga Lobareva), S. 34: #164038340 (© De Visu), S. 35: #1272538780 (© Iqbalup), S. 36: #432110419 (© Valeriya_Dor), #53647969 (© Jose AS Reyes), S. 37: #1052251901 (© Alena Ozerova), S. 38: #1406031389 (© pinholeimaging), #144427228 (© Simone Andress), S. 39: #1030058917 (© hjochen), S. 40: #1188985960 (© HelloRF Zcool), S. 41: #304744709 (© Rido), S. 42: #1125009854 (© Fogey), S. 42, 43: #1039710253 (© Katflare), S. 43: #1152765740 (© FotoHelin), S. 44: #1197356146 (© NikaMooni), #673912882 (© Alena Ozerova), S. 45: #567471277 (© fizkes), S. 46: #1035334135 (©j.chizhe), S. 48: #1097969759 (© spline_x), S. 49: #1121350067 (© Janisbija), #495671869 (© Foxyliam), S. 50: #102165730 (© Falcon Eyes), #1281755077 (© HETIZIA), S. 52: #410935789 (© KieferPix), S. 53: #411307039 (© Photographee.eu), S. 54: #1096363106 (© Halfpoint), S. 55: #718720897 (© Jiri Hera), #1042666192 (© Galina Timofeeva), S. 56: #251220550 (© Giraffarte), #1277347636 (© waku), S. 57: #1132913708 (© marilyn barbone), S. 58: #1333657247 (© AmyLv), S. 59: #1219540930 (© bjphotographs), S. 60: #768625207 (© popcorner), S. 61: #1131162725 (© pisitpong2017), #542462332 (© Foxyliam), S. 62: #121627795 (© Katia Karpei), #604520831 (© Have a nice day Photo), S. 62–67: #494367169 (© Epine), S. 64: #1252340308 (© Prabhjot Singh2807), S. 65: #694459969 (© Nattika), S. 67: #161567666 (© Dionisvera), S. 68: #685181494 (© Separisa), #629438843 (© Lloyd Carr), S. 70: #707905822 (© Kristina Kokhanova), S. 71: #1006647598 (© AmyLv), S. 72: #1008666058 (©Narsil), S. 73: #692820502 (© Lina Keil), S. 74: #426479872 (© Yuliya Koldovska), #1093433033 (© Cristina Conti), S. 75: #1085144825 (© Carlos Amarillo), S. 76: #578857630 (© JurateBuiviene), S. 78: #1095091028 (© Cristina Conti), #762939439 (© Tarakan4ik), S. 79: #382338370 (© Andrey Solovev), S. 80: #1164912835 (© NikaMooni), #158352050 (© Rock and Wasp), S. 83: #1380669065 (© HelloRF Zcool), S. 84: #548966758 (© Krivosheev Vitaly), S. 84–87: #258263690 (© Victoria Novak), S. 85: #1047708055 (© CoralAntlerCreative), S. 86: #1008304003 (© Marina Shvetsova), #162687647 (© Piccia Neri), S. 87: #136109810 (© bonchan), S. 88: #1089854195 (© NikaMooni), #250745014 (© Antonio Guillem), S. 89: #1062446846 (© CoralAntlerCreative), S. 90: #578986861 (© Photographee.eu), S. 90, 93: #569211964 (© Tashadraw), S. 91: #633989507 (© Microgen), S. 92: #180498779 (© Olha Rohulya), S. 93: #440910673 (© fotohunter), S. 94: #602122265 (© Marek Trawczynski), #616432508 (© Guppy2416), S. 96: #615467399 (© supanee sukanakintr), S. 97: #491859211 (© JurateBuiviene), S. 98: #1402777490 (© M. Schuppich), S. 99: #584768395 (© Olga Rom), S. 100: #83094223 (© Ozz Design), #248446717 (© Vladimir Wrangel), S. 102: #1165535413 (© Prostock-studio), S. 103: #647532850 (© ntv), S. 104: #272571407 (© YamabikaY), #79619791 (© vesna cvorovic), S. 105: #638090152 (© Epine), S. 106: #653808670 (© Shineprint), #1072893698 (© Korawat photo shoot), S. 106, 107: #267704390 (© xenia_ok), S. 108–113: #731006365 (© Bokasana), S. 109: #1171409011 (© JPC-PROD), S. 110: #1361984447 (© Patrick Daxenbichler), S. 112: #777619957 (© Heike Rau), #1289303995 (© domnitsky), S. 113: #1166168245 (© Nastyaofly), S. 114: #125215244 (© ivgroznii), #220557745 (© Lukas Gojda), S. 116: #761011936 (© WHYFRAME), S. 117: #133054829 (© Anneka), S. 118: #1192418140 (© Iva Villi), S. 119: #1060827083 (© aniok), S. 120: #122742526 (© RomanYa), #46079908 (© Monika Wisniewska), S. 122: #243839542 (© Africa Studio), S. 123: #635333954 (© Thanthima Lim), S. 124, 125: #667976077 (© NataLima), S. 125: #311357828 (© Subbotina Anna), S. 126: #675614386 (© Alted Studio), #112834945 (© Alexey U), S. 129: #1290725266 (© FotoHelin), S. 130: #1059672281 (© tache), S. 131: #602667743 (© Monika Wisniewska), S. 132: #1279195108 (© Thongchai S), S. 133: #1113175820 (© 1113175820), #1334759612 (© Ford Design), S. 134: #441331681 (© GarryKillian), #1109919680 (© Jani Riekkinen), S. 136: #93644302 (© Christian Jung), S. 138: #151725065 (© Antonina Potapenko), S. 139: #1184379979 (© Adnan Hidayat P), #692820502 (© Lina Keil), S. 140: #262231619 (© bmf-foto.de), #1241747491 (© Liderina), S. 142: #1119170690 (© nampix), S. 145: #681636784 (© kopava), #454445500 (© Epine), S. 146: #162705866 (© Kotkoa), #271529486 (© Pushish Images), #271529486 (© Pushish Images), S. 148: #1217425159 (© Iconic foto estudio), S. 149: #1406906240 (© Patrick Daxenbichler), S. 150: #325127744 (© romantitov), S. 151: #1156245277 (© Epine), #1029659044 (© Viktor Kochetkov), #1156245277 (© Epine), S. 152: #518828536 (© Seksun Guntanid), S. 153: #605357093 (© sasimoto), S. 154: #1324599575 (© FotoHelin)

Autorenbild: © Fotostudio Nikisch